Der Mann vom Mars

: Seine Moral, Politik und Religion

William Simpson

Writat

Diese Ausgabe erschien im Jahr 2023

ISBN: 9789359255439

Herausgegeben von
Writat
E-Mail: info@writat.com

Inhalt

VORWORT ZUR DRITTEN AUFLAGE.

JEDER im Leben fortgeschrittene Mensch, der durch den Umgang mit Menschen und Büchern Gelegenheiten zur Erkenntnis genossen hat und die Neigung hat, den Dingen durch sein eigenes, unabhängiges Denken auf den Grund zu gehen, neigt dazu, zu ganz anderen Schlussfolgerungen über die Welt und die Gesellschaft zu gelangen diejenigen, die ihm schon früh von seinen Vorgesetzten und Lehrern eingeprägt worden waren. Aus einem zunächst widerwillig angenommenen, aber schließlich zweifelsfrei bestätigten Verdacht heraus erkennt er, dass er in vielen Dingen getäuscht wurde. Die Entdeckung löst keine Empörung aus, da er weiß, dass seine frühen Lehrer in den meisten Fällen selbst Opfer von Fehlleitungen waren und daher nicht für die Verbreitung von Fehlern verantwortlich gemacht werden können, die sie für Wahrheiten gehalten hatten. Seine Selbstemanzipation hat seinen Geist so mit einer besseren Hoffnung für die Zukunft der Welt und einer höheren Meinung seiner Mitmenschen erfüllt, dass die Freude und Befriedigung über die Entdeckung jedes Gefühl überwältigt, außer Mitleid mit denen, die ihn in die Irre geführt haben , und wenn ihm überhaupt das Gefühl der Verurteilung oder Tadel in den Sinn kommt, dann nur für die wenigen, die von diesen Wahnvorstellungen leben und gedeihen, die ihren Ursprung in der Vergangenheit haben und deren Hauptzweck im Leben darin besteht, sie am Leben zu erhalten und zu stärken sie inmitten der Menge.

In dem neuen Licht, das zu ihm gekommen ist, haben sich die Welt und die Gesellschaft nach seiner Sicht und seinem Verständnis verändert. Er entdeckt das Gute an vielen Orten, wo seine Lehrer seine Existenz geleugnet hatten, und seine Definition hat sich im Rahmen seiner umfassenderen Vision so verändert, dass die Menschheit überall davon zu wimmeln scheint und von ihm beherrscht wird, und zwar von den Teilen davon, die die Gesellschaft am meisten beeinflussen beobachtet, dass es zunimmt, und dass es nicht wie ein Exot auf unkongenialem Boden aussieht, der für die Menschheit schwer zu halten ist, sondern durch natürliche menschliche Impulse verewigt und gepflegt wird. Er stellt auch fest, dass die Summe des Bösen in der Welt von seinen Lehrern stark übertrieben wurde und dass diejenigen Zweige davon, die das Wohlergehen der Gesellschaft am meisten beeinträchtigen, allmählich verringert werden und wahrscheinlich durch die Strafen ausgelöscht werden der öffentlichen Missbilligung. Diese Überzeugungen lassen die Welt als einen helleren und besseren Lebensraum erscheinen. Sie offenbaren ihm die Möglichkeiten seiner Zukunft und neigen dazu, seine höheren Ziele von den dunklen Pfaden, auf denen die Tradition sie geführt hat, in fruchtbarere Kanäle umzulenken. Endlich wird ihm die

Wahrheit klar geworden sein, die in diesem Zeitalter Beweise liefert, an denen niemand außer den Unaufgeklärten zweifeln kann, dass der Aberglaube in vielen vergangenen Jahrhunderten die Welt herabgesetzt und die Menschheit unter der falschen Annahme davon abgehalten hat, sie zu verbessern von der kleinen komparativen Bedeutung der Welt für das große Ergebnis; die umständlichen Einzelheiten, von denen es vorgibt, durch göttliche Offenbarung festzuhalten. Nachdem er sich durch einen Prozess der Argumentation und mit Hilfe des verfügbaren Wissens seiner Zeit von diesen Überzeugungen befreit hat, kommt er zu dem Schluss, dass das beste Werk der Menschheit insgesamt nicht das ist, was in den Glaubensbekenntnissen gelehrt wird, und dass es am göttlichsten inspiriert ist Motive sind solche, die darauf abzielen, das Wissen über weltliche Dinge zu erweitern, solche, die die Summe des Guten in der Gesellschaft vergrößern, indem sie ihre praktische Wirkung auf das Glück zeigen, und auch solche, die dem großen Ziel dienen, die Lasten und Freuden des Lebens unter allen auszugleichen .

Nachdem er diese Schlussfolgerungen fest im Kopf verankert hat und ihm die unverdiente Ehrfurcht aus der frühen Ausbildung entzogen ist, ist er besonders in der Lage, diese alten Überzeugungen zu untersuchen und ein Urteil über sie zu fällen, ohne den Anflug blinder hingebungsvoller Inbrunst, den die unermüdliche Lehre vieler Jahrhunderte mit sich bringt in der Welt aktuell gemacht. Er bemerkt zu diesen alten Überzeugungen, dass während ihrer Vorherrschaft, als sie die Gesellschaft vollständig und unbestritten kontrollierten, der materielle Fortschritt der Menschheit am geringsten war, ohne dass es eine ausgleichende Bedingung gab, um die Dunkelheit und die tote geistige Aktivität, die über sie hereingebrochen war, auszugleichen ; außer dem offensichtlichen hypnotischen Einfluss der gelehrten Lehren, der die Menschen gegenüber ihrem Elend gleichgültig und gegenüber den Dingen der Erde gleichgültig machte. Darüber hinaus stellt er in Bezug auf diese alten Überzeugungen fest, dass sich die Welt wie nie zuvor verbessert, wenn das moderne Wissen seine Autorität unter den Menschen verringert. Sogar Nächstenliebe, Freundlichkeit und Wohlwollen gegenüber den Menschen, die seit langem als untrennbarer Teil von ihnen angenommen und gelehrt werden, nehmen umso schneller zu, je geringer ihr Gewicht bei der Verwaltung menschlicher Angelegenheiten wird. Aufgrund dieser gut belegten Tatsachen gelangt er zu der Überzeugung, dass die religiösen Gesellschaften, die auf diesen Überzeugungen basieren und jahrhundertelang daran gearbeitet haben, sie aufrechtzuerhalten, entweder nicht über alle Elemente des menschlichen Fortschritts verfügen oder dass sie viele solcher Elemente besitzen. es gibt andere, die eine so neutralisierende und verzögernde Wirkung haben, dass die ersteren für einen solchen Zweck unbrauchbar werden. Dass letzteres der Fall ist, beseitigt jedes Jahr, das er zu seiner Lebenserfahrung hinzufügt, den Zweifel und erklärt zu seinem

Verständnis, warum die religiösen Gesellschaften der Welt es in großem Maße versäumt haben, die materielle und intellektuelle Lage der Menschheit zu verbessern.

Mit einem Moralkodex, in dem jede Bestimmung eindeutig die Methode eines besseren sozialen Staates anzeigt, haben diese religiösen Gesellschaften in ihren Lehren bestimmte Glaubenslehren, die aus einem halbbarbarischen Zeitalter stammen und mit Aberglauben beladen sind, untrennbar mit dieser fatalen Annahme verbunden göttlicher Autorität, die ihre Akzeptanz überall und für alle Zeit erfordert. Überzeugungen von so unbeugsamer Starrheit, unmöglicher Anpassung oder Änderung und Intoleranz gegenüber abweichenden Meinungen aufgrund ihres angeblich heiligen Charakters, dass die Welt seit ihrer Einführung und den heilsameren Lehren der Moral und spirituellen Hoffnung in Aufruhr gehalten wird, wenn sie über sie diskutieren wurden durch diese vergeblichen und nutzlosen Diskussionen überholt und unterdrückt. Diese schönen und attraktiven Lektionen der Liebe, Freundlichkeit und Nächstenliebe, die durch eine Persönlichkeit veranschaulicht und gelehrt werden, deren geniale Gabe darin bestand, vor allen anderen Menschen die Bedürfnisse der Menschheit zu erkennen, haben Männer und Frauen als Hungrige in diese religiösen Gesellschaften gelockt werden von Lebensmittelvorräten angezogen. Sobald sie innerhalb ihrer Grenzen sind und von den dort gefundenen Lehren durchdrungen sind, sehen sie in der Außenwelt nur noch den bösen Geist des Scheols . Für sie liegt sein Schatten auf einem Großteil der Geschäfte des Lebens und mit zunehmender Dunkelheit auch auf vielen seiner Freuden. Es zeigt ihnen sogar jene Geisteswissenschaften, die ihrer Richtung und ihrem Stichwort entbehren. Der böse Geist wird jedoch nur unter den vielen, die ihre Lehren und Autorität offen leugnen, in seiner ganzen abscheulichen und böswilligen Persönlichkeit gesehen, und ihre besondere Mission besteht darin, in dieser Richtung zu kämpfen. Zwischen dem, der zweifelt, egal wie respektvoll er ist, und diesen religiösen Gesellschaften sind ihre Grenzen der Freundlichkeit und Nächstenliebe gezogen, und mit ihren Predigten der Liebe und ihren Beteuerungen des guten Willens gegenüber der Menschheit werden sie jederzeit verwandelt , was ihre Beziehungen zu einem Zweifler betrifft, in eine Bande feindseliger und unerbittlicher Wilder, deren Strafen sich an der Aufklärung der Umgebung orientieren, von der tatsächlichen barbarischen Folter des Wilden bis hin zu bloßer sozialer Ächtung und Vermeidung.

Wenn es das einzige Ziel aller christlichen Organisationen wäre, die zivilisatorischen Gebote ihres Gründers in die allgemeine Praxis umzusetzen, würden sie zu den mächtigsten Akteuren der Welt für den menschlichen Fortschritt und die Verbesserung der sozialen Bedingungen werden, aber diese Gebote werden durch sie untergeordnet und werden außerhalb ihres

Zuständigkeitsbereichs weder bewertet noch geschätzt. Ohne die Anerkennung bestimmter Lehren und Methoden, die sie begleiten, zählen sie nichts zu den rettenden Eigenschaften. Diese schönen Gefühle der Nächstenliebe und Güte, die den Menschen schon immer so kostbar waren und mit der Zeit immer wertvoller wurden, wurden nicht ausschließlich aus zivilisatorischen Gründen übernommen oder verbreitet, sondern größtenteils mit der selbstsüchtigen Absicht, die Menschheit für kirchliche Interessen zu gewinnen. Mit einem ähnlichen Ziel, in Kenntnis der mystischen Tendenz der Massen, wurden die Übernatürlichkeiten, die zu einem Teil dieser attraktiven Vorschriften gemacht wurden, übernommen und aufrechterhalten; Sie bringen eine endlose Vielzahl fruchtloser Illusionen in die Welt, provozieren erbitterte Auseinandersetzungen unter den Menschen, ohne jeglichen Nutzen, und füllen die Seiten der Geschichte mit der Beschreibung von Szenen, die selbst für die Erinnerung eine Qual sind.

Es ist nur denjenigen gegeben, die jetzt leben und die längste Zeit ihres Lebens hinter sich haben, die Vergangenheit persönlich mit der Gegenwart zu vergleichen, soweit ihr begrenzter Aufenthalt in der Welt sich erstreckt. Sie sind lebendige Zeugen der wunderbaren Veränderungen in der Gesellschaft und ihren Überzeugungen in der kurzen Zeitspanne von nur zwei Generationen. Sie haben viele dieser uralten übernatürlichen Träume in all ihrer Autorität gesehen und beobachtet, wie sie unter einem stillen Einfluss verwelkten und schließlich verschwanden, nachdem sich Argumente und Vernunft vergeblich gegen sie erschöpft hatten. Sie haben sich in all der Angst und dem Zittern der Kindheit diese wöchentlichen Darlegungen höllischer Schrecken angehört, die einst alltäglich waren, und wurden später Zeuge der Theorien und Überzeugungen, die sie inspirierten, sowie viele andere, die der Vernunft ebenso abstoßend waren, die zum Schweigen verbannt wurden und Nichtgebrauch, da veraltete und abgenutzte Möbel, die nicht mehr brauchbar sind, auf dem Müllhaufen landen. Noch vor zwei Generationen sahen sie, wie die Literatur der Kirchen in ledergebundenen Büchern die am besten gefüllten und am leichtesten zugänglichen Regale der Bibliotheken einnahm und jetzt vernachlässigt im Staub der Keller lag; nicht einer wurde als Referenz aufbewahrt, und sogar ihre Titel wurden vergessen. Sie haben zu ihrer Zeit gesehen, wie die Fänge des Aberglaubens gezwungen waren, seinen Einfluss auf die Kehlen mancher würdiger menschlicher Unternehmungen zu lockern. Sie waren Zeugen des Triumphs der Wissenschaft in ihren vielen Auseinandersetzungen mit der Tradition und waren interessierte Zuschauer, während der berühmte Kampf der Evolution tobte. Sie haben es von Anfang bis Ende gesehen und das amüsante Schauspiel seines Endes, als die Theologie, metaphorisch gesprochen, ihren verletzten und zitternden Körper aus dem Staub zog; Er wischte sich das Blut von seinem blassen und aufgewühlten Gesicht und erklärte ohne Erröten, wie schon bei jedem ähnlichen Ausgang zuvor, dass es keinen Konflikt gegeben habe.

Mit all dem und innerhalb ihrer eigenen Ära von nur zwei Generationen haben sie gesehen, wie die Welt zu solchen Wundern des Fortschritts, solchen Wundern praktischer Wohltätigkeit und solchen Aktivitäten im Streben nach Wissen aufstieg, und zwar in so dichter und schneller Folge, dass sie sie erfüllten mit Verwirrung und Staunen, und sie werden erkennen, zumindest diejenigen von denen, die über die Sache nachdenken, dass nach unzähligen Konflikten und Rückschlägen und Unterdrückungen die wissenschaftlichen Methoden über die theologischen Methoden gesiegt haben und in all ihrer Herrlichkeit am Werk sind triumphieren und dass die alten Denkweisen nach fast zweitausend Jahren des Kampfes endlich die Herren der zivilisierten Welt sind. Der Faden der Zivilisation wurde an seinem Bruchpunkt vor sechzehn Jahrhunderten wieder aufgenommen und gespleißt. All diese Aktivitäten beim Bau von Straßen, Brücken und Aquädukten, dieser Tunnelbau in Bergen und Flüssen, diese Anstrengung, alle Elemente der Natur für die Dienste des Menschen verfügbar zu machen, diese unermüdliche Suche nach mehr Komfort und Annehmlichkeiten des Lebens, dieses Höheren Achtung vor rein weltlicher Bildung, egal, wohin sie führen mag, diese Ablenkung der Kunst von rein religiösen Ausdruckszwecken hin zu einer Zurschaustellung der Natur in all ihren schönen Formen, diese größere Toleranz gegenüber Meinungen, kurz gesagt, diese Rückkehr zur Erde ist nach einer langen Zeit der Phantomjagd in den Wolken weder mehr noch weniger als die Wiederbelebung des Heidentums. Aber das Heidentum mit seinen Brutalitäten wurde herausgefiltert, und die besten und einzig zivilisierenden Teile des Christentums , seine Hoffnung auf Unsterblichkeit, seine Lehren der Tugend, seine Brüderlichkeit und sein Sozialismus blieben erhalten, der Aberglaube des Heidentums wurde für immer begraben und der Aberglaube des Christentums verlor nach und nach an Bedeutung einer ins Grab.

Er, der jetzt sechzig und zehn Jahre alt ist, erinnert sich an die Zeit, als das Geräusch von Feuerstein und Stahl ein notwendiger Auftakt zum Morgenfeuer war, als der offene Kamin mit seinem Kran und den Topfhaken die einzige Quelle für Wärme und Kochen war, als die … In der größten Stadt des amerikanischen Kontinents gab es keine Abwasserkanäle oder Wasserleitungen, als ein Flussdampfer ein Wunderwerk war, das die Neugierigen bestaunten, und auf dem Meer noch nie dagewesene, als sich die Eisenbahnen in einem Versuchsstadium befanden, als man glaubte, dass Geister auf den Friedhöfen umherschwirrten unbestritten und unbestritten, als Satan angeblich persönlich auf der Erde herumschlich, seine Anwesenheit wurde von vielen Kirchen ernsthaft in Betracht gezogen und erklärt, als die Hexerei, erst im Todeskampf, aber noch nicht begraben, viele Anhänger hatte, die sie lebhaft verteidigten , als die elektrischen Experimente von Franklin an manchen Stellen als die Spielerei eines Ungläubigen mit dem Geist des Bösen angesehen wurden, kann durch den Vergleich, den die Erinnerung ermöglicht, diese wunderbaren Veränderungen im Denken und die signifikante Begleiterscheinung einer gesteigerten geistigen Aktivität am besten würdigen in allen Dingen, die dem Rennen zugute kommen. Die engen Beziehungen, die in dieser vergleichsweise kurzen Periode zwischen dem Wachstum des Rationalismus und dieser beschleunigten Bewegung entlang der Linie der Wissenschaft, des Lernens und allem, was dazu neigt, die Menschheit auf eine höhere Ebene zu heben, gezeigt wurden, sind mehr als ein bloßer Zufall. Es ist das Zusammenwirken von Ursache und Wirkung, das bei näherer Betrachtung besser verstanden und anerkannt wird.

Das Aufbrechen der vereinten Energien der Menschheit in Richtung des Wissens in diesem Jahrhundert ist sozusagen eine Erweiterung nach der Beseitigung eines Drucks, der seit Jahrhunderten auf ihnen lastet. Zu den großen Dingen, die die Menschen in letzter Zeit vollbracht haben, waren sie auch schon vor Jahrhunderten fähig, und es ist nicht verwunderlich, dass sie bis vor kurzem keine größeren Fortschritte gemacht haben, wenn wir das Gewicht der gegnerischen Kräfte abschätzen. Es gab jahrhundertelang nichts Entmutigenderes für die Bildung wissenschaftlicher Hoffnungen und Ambitionen als die theologischen Denkmethoden und die Atmosphäre, die sie umgab. Je mehr diese Atmosphäre von den Lehren der Kirchen durchdrungen war, desto abstoßender wirkte sie auf jegliche intellektuelle Anstrengung, die sich mit äußeren Dingen befasste, insbesondere mit solchen, die ein solches Monopol an geistiger Energie und Aufmerksamkeit erforderten, dass sie den christlichen Vorstellungen von ständiger und unermüdlicher Hingabe entgegenstanden . Während der tausendjährigen Herrschaft der obersten Kirche gab es kein kultiviertes Feld, auf dem ein unabhängiger wissenschaftlicher Ehrgeiz keimen konnte. Innerhalb der Kirche war ein solcher Ehrgeiz unmöglich. Es war nicht nur gegen den Geist, sondern auch gegen den Buchstaben seiner Lehren. Sein Fundament wurde durch seinen Sieg über die Wissenschaft gelegt, bei dessen Überwindung er göttlichen Beistand und göttliche Autorität verkündete. Es verfügte bereits über ein Wissen über alle Dinge, die die Erde und das „Firmament" darüber betrafen und die der Allmächtige den Menschen mitteilen wollte. Die Erde war nicht rund, sie war der Mittelpunkt des Universums. Es stand still, während die Sonne täglich über seine Oberfläche wanderte und jeden Morgen mit Hilfe von Engeln an seinen Platz zurückkehrte. Der Regenbogen war ein Zeichen, das zu einem bestimmten Zweck am Himmel angebracht wurde. Jedes bekannte Naturphänomen wurde durch biblische Hinweise erklärt. Auch über die Methode der Erschaffung der Welt und den Ursprung des Mannes und der Frau verfügte die Kirche über detaillierte Einzelheiten. In dem Moment, in dem die wahre Wissenschaft ihre Arbeit begann und irgendetwas aus diesem Wissensfundus, von dem man annahm, dass er vom Allmächtigen bereitgestellt wurde, im Widerspruch stand, begann das Problem. Aber das Problem lag nicht allein beim ehrlichen Ermittler. Wenn seine Entdeckung dazu neigte, das zu widerlegen, was man als biblische Wahrheit bezeichnete, und ungewollt öffentliches Gehör erlangt hatte, begann jeder Prälat in der Kirche, sie zu widerlegen. Jedem ehrgeizigen Theologen eröffnete sich eine neue Möglichkeit zum Ruhm, und sofort begann in der Widerlegung eine Verbreitung von Texten und ein Stil metaphysischer Argumentation von einem Ende der Kirche zum anderen, die bis heute als die bemerkenswertesten Kuriositäten gelten von gewundenem Denken und eingeschränktem Denken zu Protokoll gegeben. Für alle Fragen wissenschaftlichen Charakters gab es nur eine Lösungsmethode: Wurden sie durch die Heilige Schrift genehmigt oder abgelehnt? Im Falle einer Ablehnung, wie es normalerweise der Fall war, wurde der Störer entweder auf dem Scheiterhaufen verbrannt oder zum Widerruf gezwungen. Der Ruhm, dieser Hauptanreiz für alle großen Anstrengungen, bot außerhalb theologischer Kreise keine Belohnung, und während der zehn Jahrhunderte völliger Vorherrschaft der Kirche erlangte jeder Wissensfortschritt, der nicht die Feindseligkeit der Theologen erregte, weniger öffentliche Aufmerksamkeit und Beifall als das Tragen eines Haarhemdes oder einer Dornenkrone. Tausend Jahre lang hatte die Kirche die Welt in der Dunkelheit der Barbarei und des Aberglaubens schlummern lassen und diejenigen, die sie nicht überzeugen konnte, mit dem Tod bestraft. Jeder Zweifler allgemein anerkannter Überzeugungen, sei es in der Religion oder in der Wissenschaft, der seine Position mit plausiblen Argumenten untermauern kann , hat zumindest Anspruch darauf, als Denker angesehen zu werden. Das ständige Abnehmen eines jeden solchen über einen Zeitraum von Jahrhunderten hinweg konnte keine andere Wirkung haben, als den Durchschnitt der geistigen Kraft im Ganzen zu verringern. Der Landwirt, der von seinen Äckern mit wachsendem Getreide die höchsten und schwersten Halme entfernt und sie, anstatt sie für die Aussaat aufzubewahren, vernichtet, sorgt mit der Zeit für das Unglück verkümmerter Felder und verminderter Ernten. Die Kirche hatte seit ihrem völligen Sieg über das Heidentum im vierten Jahrhundert mit ihrer obersten Herrschaft über alle Gelehrten keinen einzigen berühmten Mann der Wissenschaft hervorgebracht oder einen solchen zu werden versprochen, den sie weder unterdrückt noch zu Tode gefoltert hatte, nicht ein Maler oder Dichter, der sein Genie nicht hauptsächlich dem Aberglauben oder der Sinnlichkeit gewidmet hatte, kein Historiker, dessen Wahrhaftigkeit nicht angezweifelt wird, und kein einziger überragender Schriftsteller. Auch dies bei einem Volk, unter dem sich die Nachkommen der griechischen Meister der Literatur und Philosophie vermischten. Als vor etwa vier Jahrhunderten die säkulare Gelehrsamkeit und das freie Denken zum ersten Mal seit heidnischen Tagen offen Fortschritte machten, setzte die Kirche alle ihre Kräfte ein, da sie in jeder solchen Bewegung eine Störung ihrer Traditionen feststellte und deren Nutzen für die Menschheit nicht berücksichtigte ertrage ihre Unterdrückung. Dabei verfolgte es die gleiche grausame Politik wie in früheren Wettbewerben. Diese Grausamkeiten und Einschüchterungen wurden zu einer Zeit praktiziert, als innerhalb der Kirche offen Korruptionen der eklatantesten Art begangen wurden; was zusammengenommen seinen Einfluss auf das Gewissen der Menschen lockerte und den Aufstand und die Spaltung, die als Reformation bekannt ist, zu Beginn des 16. Jahrhunderts ermöglichte. Da unsere Zeit immer näher rückt und wir uns mit theologischen Bedingungen befassen müssen, die noch nicht vollständig beseitigt sind, sind etwas detailliertere Angaben erforderlich.

Das Vierteljahrhundert vor und das Jahrhundert nach der Reformation war eine bemerkenswerte Ära in der Weltgeschichte. Es wurde durchweg als ein verzweifelter und kontinuierlicher Kampf von Männern der Wissenschaft bezeichnet, die Dunkelheit zu vertreiben, die so lange die christliche Welt eingehüllt hatte. Die Kunst des Buchdrucks, die erst vor kurzem entdeckt wurde und gerade in die Praxis umgesetzt wurde, und die Gedanken der Menschen, die dadurch mit einer nie zuvor gekannten Leichtigkeit von einem zum anderen weitergegeben wurden, hatten die Wirkung, überall geistige Aktivitäten anzuregen. Von einer nur teilweise befreiten Last begannen die Menschen, Bereiche der Wissenschaft zu erforschen, die verboten worden waren, und eine große Bewegung in Richtung positiver Erkenntnisse begann. Die aufgeklärtesten Männer der Zeit gingen zur Reformation über, und wenn sie in dieser Gemeinschaft den Schutz und die Ermutigung gefunden hätten, die sie verdienten, wäre das 16. Jahrhundert und das darauffolgende Jahrhundert die glänzendste Zeit gewesen, die es je gab, abgesehen von unserer eigenen. für wissenschaftliche Entdeckungen und den Fortschritt der Welt. Eine solche Schlussfolgerung ist gerechtfertigt, wenn man die wunderbaren, genialen Männer zur Kenntnis nimmt, die in dieser Zeit auf die Welt kamen und trotz aller Beschränkungen und Beschränkungen, die ihnen von den beiden Kirchen auferlegt wurden, so neue Grundlagen in Wahrheit und Wissen legten, dass nichts sollte von nachfolgenden Arbeitern in den gleichen Linien erledigt werden, aber darauf aufbauend. Buffon, der mit Fug und Recht als Vater der Naturwissenschaften bezeichnet werden kann, verfügt über Forschungsbegabung und die Gabe, Ergebnisse zu präsentieren, die durch seine einfache Aussage von Wahrheiten, die heute Binsenweisheiten in der Wissenschaft sind, ein Genie von hohem Rang sind, wurde von den Führern herausgezerrt der Reformation und wurde gezwungen, öffentlich zu widerrufen und seinen Widerruf zu drucken. „Ich verzichte auf alles in meinem Buch, was die Entstehung der Erde betrifft, und ganz allgemein auf alles, was der Erzählung von Moses widersprechen könnte." Linnaeus, der Begründer eines wissenschaftlichen Systems in der

Botanik und Entdecker des Geschlechts bei Pflanzen, wurde in seinen Gedanken ständig durch die Bedrohungen der Reformation behindert und eingeschränkt. In seiner Nähe tauchte ein angebliches Wunder auf, das Wasser in Blut verwandelte, und nachdem er es sorgfältig untersucht hatte, berichtete er, dass die Rötung des Wassers durch dichte Massen winziger Insekten verursacht worden sei. Als die Nachricht von dieser Erklärung dem protestantischen Bischof zu Ohren kam , bezeichnete er diese wissenschaftliche Entdeckung als „satanischen Abgrund". „Wenn Gott zulässt, dass ein solches Wunder geschieht", sagte er, „strebt Satan und seine gottlosen und weltlichen Werkzeuge danach, es bedeutungslos zu machen." Descartes, der Begründer der modernen Philosophie und einer der bedeutendsten Mathematiker seiner Zeit, doch seine ständige Angst vor der Verfolgung durch den Protestantismus veranlasste ihn, seine Gedanken ständig zu verschleiern und sie zu unterdrücken, wenn sie drohten, theologische Überzeugungen zu beeinträchtigen. Leibnitz, der große Denker, der der Entdeckung der Evolution so nahe kam, Spinoza und später Hume, Kepler, Kant, Newton und viele andere, deren Erwähnung aus Platzgründen nicht möglich ist, hätten wahrscheinlich viel mehr für die Wissenschaft getan, wenn nicht die Theologie gewesen wäre Die Atmosphäre der christlichen Kirchen sei so ungünstig gewesen.

Die wahre Geschichte Galileis, die monumentale Schande des Christentums, kann nicht erzählt werden, ohne die jüngere mit der älteren Kirche in Verbindung zu bringen. Die Reformation sah der Begehung dieses Verbrechens wohlwollend und wohlwollend zu. Es entsprach vollkommen seinen Überzeugungen und Methoden. Das kopernikanische System, wegen dessen Annahme Galilei verfolgt wurde, wurde von Protestanten ebenso heftig und erbittert angeprangert wie von Katholiken. Luther sagt: „Die Leute schenkten einem aufstrebenden Astrologen Gehör, der zeigen wollte, dass sich die Erde drehte und nicht Sonne und Mond." Dieser Narr möchte das gesamte System der Astronomie revidieren, aber die heilige Schrift sagt uns, dass Josua der Sonne befohlen hat, still zu stehen, und nicht der Erde." Der Widerruf dieses ehrwürdigen Wissenschaftlers, erschöpft von Gefangenschaft und Kummer und aus Angst vor Folter und Tod, lautet wie folgt: „Ich, Galilei, in meinem siebzigsten Lebensjahr, ein Gefangener auf meinen Knien vor Euren Eminenzen, vor meinen Augen Das Heilige Evangelium, das ich mit meinen Händen berühre, schwöre, verfluche und verabscheue den Irrtum und die Häresie der Bewegung der Erde." Da die Sphärizität der Erde von Aristoteles vorgeschlagen wurde und ihre Bewegung seit Jahrhunderten Gegenstand ernsthafter Diskussionen unter Theologen ist, halten wir es für angebracht, hier das Argument eines von ihnen wiederzugeben, das zwar vor langer Zeit vorgebracht wurde, aber dennoch wahr ist eine gute Auswahl theologischer Denkmethoden. Es ist eine Kopie aus einem Buch, das von einem gewissen Scipio Chiaramonti geschrieben und Kardinal Barberini gewidmet wurde . „Tiere, die sich bewegen, haben Gliedmaßen und Muskeln, die Erde hat keine Gliedmaßen und Muskeln, deshalb bewegt sie sich nicht." Es sind Engel, die Saturn, Jupiter, die Sonne usw. umdrehen. Wenn sich die Erde dreht, muss sie auch einen Engel in der Mitte haben, der sie in Bewegung setzt; aber dort leben nur Teufel; Es wäre also ein Teufel, der der Erde Bewegung verleihen würde." Alle Zweige der protestantischen Kirche verurteilten die Theorie der Erdbewegung. Calvin fragte: „Wer wird es wagen, die Autorität des Kopernikus über die des Heiligen Geistes zu stellen?" Auch Wesley verurteilte die neue Theorie und erklärte, sie tendiere „zur Untreue". Die großen Männer, die in ihren Bemühungen, das Wissen voranzutreiben, hervortraten, griffen unweigerlich in viele der „Wahrheiten der Heiligen Schrift" ein, und beide Kirchen waren gleichermaßen damit beschäftigt, sie zu unterdrücken, wenn möglich mit Argumenten, wenn nicht, mit Feuer und Scheiterhaufen . Die protestantische Kirche, die seit jeher den Anspruch auf besondere Aufklärung erhebt, wetteiferte mit der anderen Kirche in ihrem grausamen und unerbittlichen Krieg gegen das, was unter den Kirchen als Häresie bekannt ist und deren eigentliche Definition Vernunft und gesunder Menschenverstand sind. Wir haben gesagt, dass der Fall Galileis eine gewaltige Schande für die Christenheit darstellte; Der Fall Servet war ein monumentales Verbrechen, für das allein der Protestantismus verantwortlich sein musste.

Die Verfolgung von Michael Servetus durch Johannes Calvin, einen der Führer der Reformation, war eine der ungerechtesten und unmenschlichsten Ausübungen religiöser Autorität, die die Welt je gesehen hat. In dieser Tragödie der Verbrennung auf dem Scheiterhaufen gab es viele ungewöhnliche Merkmale. Das Opfer war ein Mann von makellosem Charakter, von großer Gelehrsamkeit und ein Wissenschaftler mit einem Forschungsgenie. Er war ein erfahrener Arzt, aus dem er sein Einkommen bezog. Er hatte einige Fortschritte in der medizinischen Wissenschaft gemacht und war einer Entdeckung des Blutkreislaufs so nahe gekommen, dass es sehr wahrscheinlich ist, dass er sie viele Jahre später anstelle von Harvey erreicht hätte, wenn er nicht zu früh gestorben wäre. Sein aktiver Geist hatte ihn dazu gebracht, einen Großteil seiner Freizeit dem Studium der Theologie zu widmen, und während er sich mit ihren Problemen beschäftigte, bemühte er sich, eine Reihe orthodoxer Überzeugungen und Lehren mit den wissenschaftlichen Erkenntnissen seiner Zeit in Einklang zu bringen, ohne sie zu bekämpfen oder zu erfinden ihre Zerstörung, sondern durch eine Änderung der Bedeutung der Worte, um sie scheinbar mit bekannten Elementen der Wahrheit in Einklang zu bringen. Er war ein glühender Anhänger der Reformation und ein Freund und Bewunderer Calvins, und er begann und pflegte einige Zeit lang einen Briefwechsel mit ihm, um seinen Rat und seine Unterstützung zu erhalten. Die vorgeschlagene

Änderung im Sinne der Schrifttexte wurde von Calvin nicht positiv aufgenommen und die beiden gerieten in eine Kontroverse, die schließlich erbittert ausging. Die Welt, die sich jetzt teilweise von ihrer langen Zeit der hypnotisierten Vernunft erholt hat, ist in der Lage, den geringen Wert der Fragen zu erkennen, die diese beiden Männer beschäftigten und die dazu führten, dass einer den anderen zu Tode schlug, und sie ist auch in der Lage, dies zu tun Beurteilen Sie, wie weit Servet in seinen Diskussionen seinem Gegner voraus war.

Calvin behauptete, dass ein Kleinkind, das ohne Taufe starb, auf Anweisung Gottes in der Bibel den Folterungen der Hölle nicht entgehen konnte, einem Ort, der von derselben Autorität als ein Ort des Schreckens, des endlosen Brennens inmitten schwefelhaltiger Feuer, beschrieben wurde nie enden wollender Durst und ein „Weinen, Wehklagen und Zähneknirschen" durch alle Zeiten hindurch. Servet äußerte seine Zweifel an der Gerechtigkeit dieser Strafe für sündlose Kinder und versuchte zu zeigen, dass sie nicht durch das Heilige Buch autorisiert sei. Er lehnte auch die Lehre von der Heiligen Dreifaltigkeit ab, wie sie allgemein angenommen wurde. Er leugnete nicht eine Art Dreieinigkeit in der Einheit Gottes, sondern glaubte, dass es sich lediglich um formale und nicht um persönliche Unterschiede im göttlichen Wesen handele und dass es sich, wie allgemein verstanden, um einen Traum und eine Erfindung des Gottes handele Kirchenväter. Er behauptete auch mit guter Autorität, dass es eine christliche Lehre gab, bevor die hebräischen Legenden übernommen wurden; dass diese Legenden erst fast ein Jahrhundert nach dem grausamen Tod des großen Morallehrers Teil der Kirche wurden. Er kam auch so nahe, wie er es wagte, seinen Glauben zum Ausdruck zu bringen, dass der Sohn lediglich ein Mensch sei, der in hohem Maße von der göttlichen Inspiration beseelt sei. Solche fortschrittlichen Ideen, die mit der Gewissheit der Überzeugung vertreten und durch unwiderlegbare Argumente untermauert wurden, waren die Ursache für sein Verderben.

Calvin stand zu dieser Zeit an der Spitze einer bereits mächtigen Kirche. Er regierte es mit autokratischem Willen und war in allen Fragen doktrinärer Überzeugungen der letzte Berufungsinstanz. Er hatte die Huldigung seiner Anhänger schon lange angenommen, als jemand, der vom Allmächtigen zu ihrer spirituellen Führung auserwählt worden war, und wurde angesichts der allgemeinen Schwäche der Menschheit in der Verwaltung kirchlicher Angelegenheiten willkürlich und despotisch. Er war immer bereit zu beraten und zu leiten, und in seinen ersten Briefen an Servetus unterstellte er eine gewisse Argumentation, während er seine Lehren leugnete. Servetus antwortete ihm nicht mit der Ehrerbietung, die sein Gegner normalerweise entgegennahm, sondern im Geiste einer ernsthaften Debatte. Es hätte Calvin nichts Verärgerteres passieren können, und um den Höhepunkt des Affronts noch zu krönen, veröffentlichte sein Gegner, ein bloßer Laie, ein Buch mit dem Titel „Das wiederhergestellte Christentum", in dem er seine fortgeschrittenen Ansichten darlegte, und schickte dem Reformator mit rücksichtsloser Kühnheit ein Exemplar. Die Kontroverse zwischen ihnen mündete sofort in gegenseitigen Beschuldigungen und Beschimpfungen. Calvins Zorn steigerte sich zur Weißglut, als er die Irrtümer und Blasphemien sah, die er, wie er sie betrachtete und gegen die er vergeblich versucht hatte, zu bekämpfen, der gedruckten Seite anvertraute und sie über die Welt verbreitete. Abgesehen von der angeblich ketzerischen Angelegenheit des Buches wurde er auch zur Rede gestellt, ihm wurde ein Irrtum vorgeworfen und seine am meisten geschätzten Lehren wurden widerlegt. Aber er entdeckte dennoch etwas in dem Buch, das ihm gefiel. Sein Feind hatte das Papsttum missbraucht: Beweise, die ausreichten, um ihn sofort wegen Gotteslästerung in der römisch-katholischen Stadt Vienne in Frankreich zu verurteilen, wo Servetus damals residierte, und er begann sofort damit, den grausamen Plan seines Todes in die Tat umzusetzen. Indem er die Behörden in Vienne durch diktierte Briefe informierte, gelang es ihm, Servetus dort ins Gefängnis werfen zu lassen, aus dem er fliehen konnte und für Monate zum Ausgestoßenen wurde. Die bösartige und unmenschliche Art und Weise, in der dieser christliche Führer seinem unschuldigen Opfer folgte, hätte kaum auf einer anderen Frage als einer religiösen beruhen können, und seine mörderische Absicht wird von Anfang an durch einen Brief von Calvin an einen Freund gezeigt, in dem er sagt: „Servetus hat mir kürzlich geschrieben und mir außerdem einen großen Band seiner Schwärmereien geschickt, in denen er mir mit kühner Arroganz erzählte, dass ich dort Dinge finden würde, die erstaunlich und bisher unerhört waren." Er bietet an, dorthin zu kommen, wenn ich damit einverstanden bin; aber ich werde ihm meinen Glauben nicht verpfänden; denn wenn er gekommen wäre, würde ich, wenn ich hier irgendeine Autorität habe, „ NIE ZULASSEN, DASS ER LEBEND DAVONKOMMT ." Und er hat bewiesen, dass er in diesem Fall seinem Wort treu geblieben ist.

Die römisch-katholischen Behörden von Vienne entdeckten nach einer Weile, dass Calvin damit einverstanden war, ihnen die Hinrichtung seines Feindes aufzuerlegen, und versuchten, ihm angeblich die Flucht zu erleichtern. Sie hatten keine Lust, sich diese Arbeit aufdrängen zu lassen. Sie hatten wahrscheinlich das Gefühl, dass die Reformatoren sich um ihre eigenen Ketzer kümmern sollten. Servetus wanderte nach seiner Flucht von Ort zu Ort um, die ganze Zeit über war sein Leben in unmittelbarer Gefahr, und wuchs schließlich in Genf, der Heimat Calvins, auf, verkleidete sich und versteckte sich am Stadtrand. Was ihn dazu bewog, solch verzweifelte Risiken einzugehen, ist nicht genau bekannt. Seine Absicht soll es gewesen sein, nach Neapel zu gehen und bei der ersten günstigen Gelegenheit Genf zu verlassen. Der Gefangenschaft überdrüssig und immer fromm geneigt, wagte er es unvorsichtig, sich im Abendgottesdienst einer benachbarten Kirche zu zeigen, und als er dort erkannt wurde, wurde Calvin von seiner Anwesenheit benachrichtigt, der ohne einen Augenblick zu verlieren seine sofortige Einsicht verlangte verhaftete, selbst Anklage erhob und bis zum Schluss fleißig als Oberankläger und Zeuge arbeitete. Der folgende Brief aus seiner Gefängniszelle zeigt die barbarische Grausamkeit, mit der dieser berühmte Mann in einer überaus christlichen Gemeinschaft und von einem christlichen Führer inhaftiert wurde. „Edelste Lords, es sind nun drei Wochen vergangen, seit ich um eine Audienz gebeten habe, und ich muss Ihnen mitteilen, dass nichts unternommen wurde und ich mich in einer noch schlimmeren Lage befinde als je zuvor. Außerdem leide ich schrecklich unter der Erkältung, Koliken und meinem Bruch, der mir Kummer bereitet. Es ist sehr grausam, dass ich weder sprechen darf noch meine dringendsten Bedürfnisse erfüllt werden; Aus Liebe zu Gott, meine Herren, erteilen Sie aus Mitleid Befehle für mich." Und hier ist noch einer: „Meine hochverehrten Herren, ich flehe Sie demütig an, diesen großen Verzögerungen ein Ende zu setzen oder mich von der strafrechtlichen Anklage zu entlasten. Sie müssen sehen, dass Calvin nicht mehr weiter weiß und nicht weiß, was er noch sagen soll, aber zu seinem Vergnügen würde er mich hier im Gefängnis verrotten lassen. Die Läuse fressen mich bei lebendigem Leibe auf, meine Hosen sind in Lumpen, und ich habe kein Wechselgeld, kein Wams und nur ein einziges Hemd in Fetzen." Calvin verfasste 38 Anklagepunkte, und nach einem langwierigen Prozess, bei dem er als Chefvernehmer fungierte, wurde dieses unglückliche Opfer zur Verbrennung auf dem Scheiterhaufen verurteilt. Servet erwies sich während seiner gesamten Prüfung als tapferer, gewissenhafter und religiöser Mann. Seine Antworten auf jeden einzelnen Artikel waren kompetent, konsistent und würden heutzutage als unbeantwortbar angesehen werden, und darüber hinaus wurden seine Ansichten seitdem von den fortschrittlichsten christlichen Sekten übernommen. Das Folgende ist eine Beschreibung seiner damals aufgezeichneten Hinrichtung.

„Als er den tödlichen Haufen sah, warf sich der arme Servetus auf den Boden und war eine Weile ins Gebet versunken. Als er aufstand und ein paar Schritte vorwärts ging, geriet er in die Hände des Henkers, der ihn dazu zwang, auf einem Block zu sitzen, so dass seine Füße gerade den Boden berührten. Sein Körper wurde dann mit mehreren Windungen einer Eisenkette an den Pfahl hinter ihm gefesselt, während sein Hals in gleicher Weise mit der Spule eines Hanfseils gesichert wurde. Seine beiden Bücher – das Manuskript, das er vor sechs oder acht Jahren vertraulich an Calvin geschickt hatte, um ihn zu verurteilen, und eine Kopie des kürzlich in Vienne gedruckten – waren an seiner Hüfte befestigt, und sein Kopf war spöttisch mit einem Rosenkranz umwickelt Stroh und grüne Zweige, bestreut mit Schwefel. Dann wurde die tödliche Fackel auf die Reisigbündel gerichtet und blitzte ihm ins Gesicht; und der Schwefel, der aufschlug, und die Flammen, die aufstiegen, entlockten dem Opfer einen solchen Schmerzensschrei, dass er die umstehende Menge in Angst und Schrecken versetzte. Danach schwieg er tapfer; Doch da der Wald absichtlich grün war, halfen die Leute dem Henker zwar dabei, die Reisigbündel auf ihn zu häufen, doch es verging eine lange halbe Stunde, bis er keine Lebens- und Leidenszeichen mehr zeigte. Unmittelbar bevor er den Geist aufgab, schrie er mit letzter Anstrengung laut: „Jesus, du Sohn des ewigen Gottes, erbarme dich meiner!" Dann verstummte alles, bis auf das Zischen und Knistern des grünen Holzes, und nach und nach war nichts mehr von dem übrig, was Michael Servetus gewesen war, außer einem verkohlten und geschwärzten Stamm und einer Handvoll Asche." So starb er seiner Zeit voraus, dieses Opfer des religiösen Fanatismus und des persönlichen Hasses, ein passender Triumph der theologischen über die wissenschaftlichen Denkmethoden, das Ergebnis unter vielen Tausenden, die mit der Übernahme der jüdischen Legenden durch das Christentum einhergingen Fall, herbeigeführt von einem christlichen Führer, dem Begründer eines Glaubensbekenntnisses, in dem bis zum heutigen Tag genug von seinem Geist übrig geblieben ist, um ihn zum größten Feind des freien Denkens und der liberalen Meinung unter allen Glaubensbekenntnissen des Protestantismus zu machen. War es bei dieser schändlichen Tragödie der Geist des Meisters, der die unmenschliche Menge dazu brachte, miteinander zu wetteifern und die Reisigbündel anzuhäufen, oder war es der bösartige Einfluss eines rachsüchtigen und grausamen hebräischen Gottes?

Jeder Konflikt zwischen Wissenschaft und Theologie seit den Tagen von Kopernikus hat zu einem eindeutigen Sieg der ersteren geführt. Beide Kirchen widersetzten sich der Wahrheit über die Rundheit und Bewegung der Erde, als hinge ihre Existenz davon ab. Sie bekämpften jede Frage, die sich stellte, im gleichen Geist. Der mosaische Bericht über die Schöpfung, das Alter der Welt, die Sintflut und die Dauer des Aufenthalts des Menschen auf der Erde sind Fragen, die ebenso wirksam im Widerspruch zu den „Wahrheiten der Heiligen Schrift" stehen wie die Frage, für die Galilei gelitten hat. Und doch lebt das Christentum und wird weiterhin leben und gedeihen, einzig und allein aufgrund der inhärenten und zunehmenden Affinität des menschlichen Herzens zu den Grundsätzen und dem Beispiel seines Gründers, während die Zivilisation voranschreitet. Wenn das Christentum durch die Untergrabung seiner Legenden zum Untergang verurteilt wäre, dann würde es jetzt mit der jüngsten Zerstörung einer Legende untergehen, von der seine Existenz abzuhängen schien und die mehr als alle anderen seinen Lauf geprägt und den Grundstein für seine Rituale gelegt hat. Die heute als Wahrheit etablierte Evolutionslehre ist die schwerwiegendste und scheinbar destruktivste, die der Theologie jemals begegnet ist. Die Tatsache, dass der Mensch aus einem Zustand der Brutalität

AUFERSTANDEN ist und nicht aus einem Zustand der Vollkommenheit GEFALLEN ist, ist für den Geistlichen ein harter Schlag von vorne bis hinten, verglichen mit allen früheren Kämpfen mit der Wissenschaft wie der Schuss eines modernen Zweiunddreißigpfünders mit altmodischer Verordnung. Die Legende vom Sündenfall ist im Vergleich zu allen anderen die abscheulichste. Es wurde von den Hebräern aus Assyrien mitgebracht, die es während ihrer Gefangenschaft von einem barbarischen Volk erhielten, unter dem es seit Jahrhunderten verbreitet war, und wurde so in unser Heiliges Buch aufgenommen, wofür kürzlich Beweise durch die Entzifferung des Niniviten gefunden wurden Aufzeichnungen. Der Verdacht ist nicht ganz unbegründet , dass er möglicherweise mit dem Ziel angenommen wurde, in der Menge Elend und Kummer zu verursachen, um einige von Gott autorisierte Wenige gewinnbringend damit zu beschäftigen, sie zu trösten, und er hat seine Mission durchaus erfüllt. Es hat den Gesichtsausdruck der Christenheit verändert. Es hat die Furchen des Kummers im Alter vertieft und die Linien der Sorge in den Zügen der Jugend festgeschrieben. Es hat die unverdiente Niedergeschlagenheit der Kriminalität und die Niedergeschlagenheit der Schande mit sich gebracht, wo doch eigentlich der Widerschein der Hoffnung und das Licht der Erwartung hingehört. Es hat die Sorgen des Lebens unabsehbar vervielfacht und für jeden Tod einen Albtraum eingebildeter Schrecken geschaffen. Diese Legende ist die Grundlage und Inspiration für den Großteil des Bösen und der Grausamkeit, die das Christentum der Menschheit zugefügt hat. An sich schon fabelhaft, war es der Ursprung von Unwirklichkeiten, zum Beispiel Hexerei und Magie, deren Opfer Millionen unschuldiger Folter und Tod geopfert wurden. Es hat vernünftige Freuden des Lebens in Verbrechen verwandelt, indem es ein Wort erfunden hat, das mit dem Spielraum, der seiner Definition gegeben wurde, die Unschuldigen und Harmlosen in zitternder Ungewissheit gehalten hat. Den Eltern hat es die Qual der Angst um das Schicksal verstorbener Nachkommen, argloser Säuglinge und Erwachsener beschert. Diese Legende vom Sündenfall des Menschen hat in den Lebenswegen ihre Schleppnetz-Sünde etabliert, ein Wort von so unbegrenzter theologischer Definition, dass jeder von durchschnittlicher Rechtschaffenheit durch irgendeine unbedeutende Unachtsamkeit im Denken oder Handeln wahrscheinlich die Sünde auf sich zieht Verurteilung eines stirnrunzelnden Gottes; damit sowohl die Würdigen als auch die Unwürdigen den Diensten der theologischen Hilfe und Fürsprache nicht entgehen. Ohne den Zweifel, der an der Wahrheit dieser kindischen Erfindung besteht und wahrscheinlich schon immer existiert hat, außer unter den Unwissenden und Trägheitsmenschen, hätte sie die Menschheit schon vor langer Zeit in einen Zustand allgemeiner Hoffnungslosigkeit und Verzweiflung gestürzt.

Den Theologen bleibt nur noch wenig übrig, außer den Wundern, die sie verteidigen müssen, und obwohl sie zugeben müssen, dass das Wunder Josuas gefallen ist, werden andere, deren Irrtum von der Wissenschaft nicht so gut nachgewiesen werden kann, mit der Hartnäckigkeit der Verzweiflung festgehalten in völliger Missachtung der Vernunft und des gesunden Menschenverstandes. Glücklicherweise haben wir im Interesse der Wahrheit die Möglichkeit, die Entwicklung von Wundern zu untersuchen, und zwar in einem Fall, der so modern ist, dass jede Aussage zum Beweis ihres Irrtums durch die aktuelle Literatur der Zeit untermauert werden kann. Der heilige Franz Xaver war ein ernsthafter, aufrichtiger und wahrhaftiger Jesuit, dessen Gottesdienste in der Mitte des 16. Jahrhunderts stattfanden. Er gab eine vielversprechende Karriere als Professor an einer Pariser Akademie auf und ging voller Begeisterung und Hingabe an das Christentum als Missionar in den Fernen Osten. Unter den verschiedenen Stämmen in Unterindien und später in Japan arbeitete er unermüdlich und mühte sich durch ein Dorf nach dem anderen ab, indem er die Eingeborenen mit Hilfe einer Handglocke einsammelte. Nach zwölf Jahren intensiver Bemühungen, neue Konvertiten für die Religion zu finden, opferte er sein Leben auf der einsamen Insel San Chan. Während seiner Karriere als Missionar schrieb er eine große Anzahl von Briefen, die erhalten blieben und seitdem veröffentlicht wurden, und diese zeigen zusammen mit den Briefen seiner Zeitgenossen deutlich alle Merkmale seines Lebens. Weder in seinen eigenen Briefen noch in einem zeitgenössischen Dokument findet sich ein Bericht über ein von ihm vollbrachtes Wunder. Darüber hinaus machen sich seine Missionsbrüder, die in ständiger und treuer Gemeinschaft mit ihm standen, keine Illusionen in ihrer Kommunikation untereinander oder mit ihren Brüdern in Europa. Dieses Schweigen gegenüber seinen Wundern beruhte eindeutig nicht auf Unglauben an sie, denn diese guten Missionsväter hatten die Freiheit, jedes kleinste Ereignis aufzuzeichnen, das ihrer Meinung nach ein Beweis göttlicher Gunst war. Einer von ihnen berichtet, dass kürzlich ein beleuchtetes Kreuz am Himmel gesehen wurde; eine andere besagte, dass Teufel durch die Verwendung von Weihwasser aus den Eingeborenen vertrieben worden seien; andere berichten, dass Aussätzige durch die Taufe geheilt und Blinde und Stumme durch die Riten der Kirche wiederhergestellt worden seien; aber Xavier werden von seinen Mitarbeitern weder zu Lebzeiten noch mehrere Jahre nach seinem Tod Wunder zugeschrieben. Im Gegenteil finden wir, dass seine eigenen Aussagen über seine persönlichen Einschränkungen und die daraus resultierenden Schwierigkeiten von seinen Arbeitskollegen voll und ganz bestätigt werden. Angesichts der später aufgestellten Behauptung, der Heilige sei für seine Mission von Gott mit der „Gabe der Zungen“ ausgestattet worden, ist es zum Beispiel interessant, in diesen Briefen die Bestätigung von Xaviers eigener Aussage zu vermerken, die die Existenz einer solchen göttlichen Gabe gänzlich widerlegt. und detailliert die Schwierigkeiten, auf die er stieß, weil er verschiedene Sprachen nicht beherrschen konnte, und die harte Arbeit, die er beim Erlernen der Elemente der japanischen Sprache auf sich nehmen musste. Mit all diesen Beweisen und bei Bedarf noch viel mehr , um zu beweisen, dass Xavier nie ein Wunder vollbracht hat, begann die Kirche, sie für ihn aufzubauen, ohne sich darüber im Klaren zu sein, dass er in einem Zeitalter der Literatur, Bücher und gedruckter Korrespondenz lebte und nicht in jene fernen Zeiten, als es die oberste Kontrolle über alles Lernen und die Kommunikation per Brief hatte; dementsprechend begann das erste der Xavier-Wunder etwa zehn Jahre nach seinem Tod zu erscheinen. Man kann davon ausgehen, dass sie sich von Zeit zu Zeit vervielfachten, beginnend mit der Gerüchteküche und eifrig vom Kloster bestätigt, bis sie schließlich in der Kirchenliteratur erwähnt wurden. Der erste, ein Brief eines Jesuitenpaters zwanzig Jahre nach seinem Tod mit dem Titel „Über religiöse Angelegenheiten in Indien", sagt nichts über Xaviers Wunder. Die nächste, 36 Jahre nach seinem Tod von einem anderen Jesuitenpater herausgegebene Veröffentlichung mit dem Titel „History of India", geht nur oberflächlich auf die angeblichen Wunder ein. Das nächste, sechzig Jahre später, zeigt ein „Leben von Xavier", eine Zunahme seiner Wunder und stellt ihn dar, wie er Teufel austreibt, Kranke heilt, den Sturm stillt, Tote auferweckt und Wunder aller Art vollbringt. Seitdem Xavier heiliggesprochen wurde, erschienen viele weitere Leben von ihm, eines davon einhundertsechzig Jahre nach seinem Tod, das beste, das bisher geschrieben wurde und heute als Klassiker gilt, in dem die alten Wunder enorm vervielfacht wurden. Laut seinem ersten Biographen rettet er durch ein Wunder einen Menschen vor dem Ertrinken, in diesem Fall rettet er im Laufe seines Lebens drei. Im ersten erweckt er drei Personen von den Toten, in diesem vierzehn. Im ersten gibt es eine wundersame Wasserversorgung, in diesem drei und so weiter, bis zu diesem Datum, an dem die Xavier-Wunder zu Hunderten gezählt werden. Dieser Fall der Entwicklung von Wundern ist größtenteils einer kürzlich erschienenen Veröffentlichung von Präsident White von der Cornell University entnommen. Es ist nicht nur äußerst lehrreich, da es den Prozess aufzeigt, durch den diese Täuschungen entstehen, sondern vermittelt auch die angenehme und willkommene Überzeugung, dass viele der ernsthaften und aufopferungsvollen Arbeiter auf dem Gebiet des Christentums, denen Wunder zugeschrieben werden, unschuldig waren ihnen. Aber mehr als alles andere zeigt es den Weg zu einem vernünftigen Geist, durch den eine reine und anbetungswürdige Persönlichkeit durch den gegenwärtigen und kommenden Rationalismus die Zuneigung der Menschen im Griff behalten kann.

Diejenigen Männer der Wissenschaft und des unabhängigen Denkens, die zur Reformation übertraten und von ihr Ermutigung und Schutz erwarteten, waren zur Enttäuschung verurteilt. Es handelte sich nicht um eine

Bewegung, die dem Druck der Aufklärung entsprang. Zu dieser Zeit lagen sowohl Deutschland als auch England in ihren Wissens- und Lernbedingungen weit hinter Italien zurück. Es handelte sich um eine Rebellion, die nur durch die Unterdrückung des Bösen und den Wunsch nach Veränderung in der Verwaltung kirchlicher Angelegenheiten verursacht wurde. Alle Aberglauben der alten Kirche wurden auf die neue übertragen. Es wurde die gleiche, ja sogar eine strengere, wörtliche Einhaltung der Worte der Heiligen Schrift bei der Bewältigung der Angelegenheiten des Lebens und bei der Entscheidung über wissenschaftliche Fragen beibehalten, die gleiche unablässige Wachsamkeit gegenüber jenen Gelehrten, die die „Wahrheiten der Heiligen Schrift" bedrohten ihre wissenschaftlichen Arbeiten und die gleichen Grausamkeiten, die zu ihrer Unterdrückung und Auslöschung der Häresie herangezogen wurden. Es war keine intellektuelle Freiheit mehr erlaubt, außer in unbedeutenden doktrinären Glaubenspunkten, und über diese begannen jene Kontroversen, die die Bewegung bald in Fraktionen oder Glaubensrichtungen auflösten. Die Absicht der neuen Kirche bestand darin, jene Rituale und Zeremonien abzuschaffen, die im zweiten und dritten Jahrhundert als Kompromiss aus dem Heidentum übernommen worden waren, und ihre Kirche so weit wie möglich zu der Einfachheit zurückzubringen, die das erste kennzeichnete Lehren des Christentums. Doch die Führer der Reformation hatten weder den Versuch noch den Wunsch, die völlige Freiheit des Denkens und der Meinungsäußerung wiederherzustellen, die in den frühen Tagen herrschte. Niemand mit Immunität dürfte die Lehre der Heiligen Dreifaltigkeit oder die Wahrheit der Unbefleckten Empfängnis leugnen, wie es die alten griechischen Philosophen zu tun pflegten. Solch lebenswichtige Fragen waren Folter und Tod, wenn man sie negativ in Betracht zog, da Servet ein frühes Opfer dieser Kühnheit war. Es gab jedoch im Rahmen einer sicheren Diskussion genügend Fragen, um die endlosen Kontroversen in Gang zu setzen , die den Protestantismus bis heute auszeichnen. Das neu erworbene Privileg, heilige Angelegenheiten sowohl unter Laien als auch unter anderen zu besprechen, wurde in einem solchen Ausmaß genutzt, dass die Debatten zwischen den Sekten zur Verteidigung ihrer verschiedenen Interpretationen von Schrifttexten in der Gesellschaft die Stunden des Verkehrs und der Konversation monopolisierten. Als ihre Anführer sich einer Diskussion wie dem Dialog zwischen Eva und der Schlange hingaben; ob die Schlange aufrecht auf ihrem Schwanz stand oder in ihrer natürlichen Windung, als sie Eva ansprach; Festlegung der Stunde dieses bemerkenswerten Ereignisses; Erklärung der Art und Weise, wie Noah die Tiere in der Arche fütterte; Wie Fische vor Adam erschienen, um von ihm benannt zu werden, und solche schwierigen Probleme, Laien waren hauptsächlich mit der Untersuchung jener Lehrpunkte beschäftigt, die die Bewegung in Sekten spalteten. Fragen, die Jahrhunderte zuvor von der Autorität der alten Kirche geklärt worden waren, wurden zur erneuten Diskussion herangezogen. Luther beschrieb seine häufigen Interviews mit dem Teufel in seinem Schlafzimmer. Dämonen und Hexen vergifteten die Luft und brachten Unglück und Unglück, gegen das es nur einen Schutz und ein Heilmittel gab: das Lesen von Schrifttexten und Gebeten. Aber wie unterschiedlich die Sekten auch in ihrem Verständnis der heiligen Sprache sein mögen, in einer Reihe von Dingen waren sie sich alle einig; jeder Text der Heiligen Schrift war wörtlich zu nehmen; Häresie konnte nicht allzu hart bestraft werden; Eine Einschränkung der Freuden des Lebens erhöhte die Chancen auf den Himmel; Die Welt war eine „Senke der Ungerechtigkeit", die zur frühen Zerstörung bestimmt war und von einem Gott regiert wurde, der niemals lächelt, und von einem Teufel geplagt wurde, der niemals schläft, letzterer mit Millionen von Nachkommen, Menschen, die Dämonen jagten und Wahnsinn, Krankheit und vieles mehr verursachten andere Unglücke des Lebens.

In diesen Überzeugungen waren sich die beiden Kirchen völlig einig und müssen sich gleichermaßen für das Elend und die Grausamkeiten verantworten, die sie der Menschheit bei der Durchsetzung dieser Überzeugungen zugefügt haben. Theorien und Lehren, die von beiden Kirchen so beharrlich vertreten und aufrechterhalten werden und die sich für die Menschheit als so verheerend erwiesen haben, gehören nicht unbedingt zum Christentum und sollten dort keinen Platz haben. Sie stehen nicht nur ohne die Autorität des Meisters, sondern stehen größtenteils auch im Widerspruch zu seiner Lehre und seinem Beispiel. Die schädlichsten von ihnen verdanken ihren Ursprung den Fabeln und Mythen, die Jahrhunderte vor der christlichen Ära aus zweiter Hand aus ägyptischen und orientalischen Quellen in das heilige Buch eingeführt wurden, und es ist nicht verwunderlich, dass Legenden auf die Fähigkeit zur Romantik in den Köpfen zurückzuführen sind Einige barbarische Assyrer oder Pharos, weit zurück in den Wiegen der Menschheit, hätten, als sie als Grundlagen für Lebensregeln und als Erklärungen für die mysteriösen Prozesse der Natur entlang der gesamten Linie des menschlichen Fortschritts eingeführt wurden, vom vernünftigen Teil ständig abgelehnt und geleugnet werden müssen der Menschheit, und es ist kaum vorstellbar, dass sie jetzt, innerhalb weniger Monate des 20. Jahrhunderts, von beiden Kirchen als Inspirationen der Gottheit aufrechterhalten werden sollten. Das ist auch nicht so überraschend, wenn man bedenkt, dass der unentwickelte Geist der Jugend in der gesamten Christenheit im Laufe von siebzehn Jahrhunderten dazu geformt wurde, Glaubenssätze zu akzeptieren, die ohne die allmähliche Vertiefung, an der die Vernunft keinen Anteil hat, lange gedauert hätten wegen ihrer Unwahrscheinlichkeit abgelehnt. Nirgendwo ist dies besser verstanden als bei den Kirchen, und als Folge davon streiten sie ständig miteinander um die frühe Bildung junger Menschen.

Das inspirierendste und hoffnungsvollste Schauspiel der Menschheit ist eine Versammlung, die in die Andachtsübungen des Christentums vertieft ist und aufmerksam den beredten Diensten eines ernsthaften Führers zuhört, der sich für die Sache der Tugend und Nächstenliebe einsetzt, wie sie im geschriebenen Leben und Charakter zum Ausdruck kommt des Mustermenschen. Die große zentrale Geschichte verliert nie an Interesse und wird nie alt; ein bereitwilliges Opfer und Leiden zum Wohle der Menschheit. Solch nie versiegende Freundlichkeit, solche Lektionen der Brüderlichkeit, solche Liebe für Männer, solche Zärtlichkeit für Kinder, solche über seine Zeit hinausgehende Rücksichtnahme auf Frauen und mit einem so erbärmlichen und leidvollen Ende, dass ihre emotionale Natur für alle Zeiten festgehalten wird. Und vor allem die Botschaft einer Hoffnung zu bringen, die zu den Menschen kommt, wie ein Rettungsboot zu einem vom Sturm geschüttelten Schiff kommt, das langsam in die Tiefe sinkt; in christlichen Haushalten so geschätzt, dass er zu einem verehrten Mitglied von ihnen wurde, als einer von ihnen verteidigt und notfalls durch Waffengewalt und Opferung des Lebens aufrechterhalten werden musste. Und die Lehre daraus und die Hoffnung und Inspiration daraus ist, dass überall, wo Menschen leben, sei es in Schlössern oder Hütten, inmitten der Menschenmassen der Städte oder auf stillen Feldern auf dem Land, überall Lorbeeren für ihn liegen wer wird sich selbst opfern, damit andere gewinnen können; Achtung und Verehrung unter allen für ihn, dessen Leben rein ist und dessen Wege Wege der Güte und Nächstenliebe sind. Das Laster kann nie die Oberhand gewinnen, außer eine Zeit lang inmitten einer solchen inhärenten Affinität zum Guten, die in jedes menschliche Herz eingepflanzt ist, und je mehr die Zeit vergeht, desto sicherer wird es sein, wenn die Tage der allgemeinen Zustimmung und des ungehinderten Wissens die Angelegenheiten der Menschen erhellen und kontrollieren Es kommt zu Protesten und Aufständen gegen den vorübergehenden Triumph des Bösen.

Was steckt in dieser bezaubernden Geschichte, die die Zivilisation erobert hat und zu einem Teil davon geworden ist, in dem Meister, der solch eine barbarische Umgebung verdient? solche belanglosen Details aus obskuren und barbarischen Leben; solche rachsüchtigen Vergeltungsmaßnahmen und brutalen Konflikte, bei denen die Gottheit in sakrilegischer Weise als Förderer involviert wird; wilde Fiktionen aus der Frühzeit, Erfindungen aus der Kindheit des Menschen, widersprüchliche Darstellungen historischer Ereignisse, fragmentarische Teile verschiedener Personen aus unterschiedlichen Epochen; Erklärungen in vielen Bereichen der Wissenschaft, die heute als falsch und absurd gelten und Texte enthalten, die die gewaltigsten Verbrechen, die die Menschheit je erlitten hat, entweder offen gutheißen oder verfälscht wurden.

„In Anbetracht des behaupteten Ursprungs dieser Aufzeichnungen – indirekt von Gott selbst – können wir zu Recht erwarten, dass sie es ertragen würden, nach jedem Maßstab geprüft zu werden, den der Mensch anwenden kann, und dass sie ihre Wahrheit und Exzellenz in der Prüfung menschlicher Kritik rechtfertigen würden. Wir sollten daher nach Universalität, Vollständigkeit und Perfektion streben. Wir könnten erwarten, dass sie uns gerechte Ansichten über die Natur und die Lage dieser Welt, in der wir leben, präsentieren würden und dass sie, egal ob es sich um das Geistige oder Materielle handelt, die berühmtesten Errungenschaften menschlichen Genies wie die … in den Schatten stellen würden Der prächtige Mechanismus des Himmels, und die schönen Formen der Erde sind den eitlen überlegen Erfindungen des Menschen. Wir könnten erwarten, dass sie die wichtigen Probleme, die die Geisteskräfte der fähigsten Männer Asiens und Europas so viele Jahrhunderte lang beschäftigt haben und die die Grundlage allen Glaubens und aller Philosophie bilden, mit Autorität vortragen und endgültig lösen würden ; dass sie uns deutlich und in unverkennbarer Sprache sagen sollten, was Gott ist, was die Welt ist, was die Seele ist und ob der Mensch einen Maßstab für die Wahrheit hat; dass sie uns erklären sollten, wie das Böse in einer Welt existieren kann, deren Schöpfer allmächtig und durch und durch gut ist; dass sie uns offenbaren sollten, worin die Angelegenheiten der Menschen durch das Schicksal und was durch den freien Willen bestimmt sind; dass sie uns lehren sollten, woher wir kamen, was der Zweck unseres Fortbestehens hier ist und was in Zukunft aus uns werden soll. Und da sich ein geschriebenes Wort, das einen göttlichen Ursprung beansprucht, zwangsläufig auch bei jenen als glaubhaft erweisen muss, die es am wenigsten annehmen wollen, da seine inneren Beweise mit der Strenge der Prüfung, der es unterzogen wird, stärker und nicht schwächer werden, sollte es sich mit diesen befassen Dinge, die durch das zunehmende Wissen und die Genialität vieler demonstriert werden können, die darin seine Schlussfolgerungen vorwegnehmen. Ein so edles Werk, so edel es auch sein mag, darf sich der Prüfung der Naturphilosophie nicht widersetzen, sondern sie herausfordern und sie nicht als Antagonisten, sondern als ihre beste Stütze betrachten. Wenn die Jahre vergehen und die menschliche Wissenschaft immer genauer und umfassender wird, müssen ihre Schlussfolgerungen im Einklang damit gefunden werden. Wenn sich die Gelegenheit ergibt, sollten sie uns zumindest die Vorboten der großen Wahrheiten liefern, die die Astronomie und Geologie entdeckt haben, und ihnen nicht die wilden Fiktionen früherer Zeitalter bieten. Sie sollten uns sagen, wie Sonnen und Welten im unendlichen Raum verteilt sind und wie sie in ihrer Abfolge in unbegrenzter Zeit entstehen. Sie sollten sagen, inwieweit die Herrschaft Gottes durch das Gesetz ausgeübt wird und ab wann es ihm Freude macht, auf seinen eigenen willkürlichen Willen zurückzugreifen. Wie großartig wäre die Beschreibung des großartigen

Universums gewesen, geschrieben von der allmächtigen Hand! Vom Menschen sollten sie seine Beziehungen zu anderen Lebewesen, seinen Platz unter ihnen, seine Privilegien und Verantwortlichkeiten darlegen. Sie sollten es ihm nicht überlassen, sich seinen Weg durch die Überreste der griechischen Philosophie zu bahnen und am Ende die Wahrheit zu verpassen, sondern sie sollten ihn lehren, worin wahres Wissen besteht, und dabei die physikalische Wissenschaft, die physische Kraft und das physische Wohlbefinden unserer Zeit vorwegnehmen , nein, es entfaltet sich sogar Dinge zu unserem Vorteil, von denen wir noch keine Ahnung haben. Die Diskussion so vieler und so anspruchsvoller Themen liegt nicht außerhalb des Rahmens eines Werks mit solchen Ansprüchen. Die Art und Weise, wie sie mit ihnen umgeht, ist das einzige Kriterium, das sie für ihre Autorität für zukünftige Zeiten bieten kann." [A]

Wie ganz anders ist unser angebliches Heiliges Buch mit seinen Fabeln, seinen Mythen und Legenden, seinen tödlichen Texten, die die Menschheit gegeißelt haben. Durch seinen Anspruch auf göttliche Autorität, der Aberglauben in unsere Zivilisation hineinträgt, der andernfalls im Licht des Wissens dahingeschmolzen wäre; dem Lernen in vielen Bereichen Grenzen setzen, es behindern und anprangern; das Denken lähmt und an seine Stelle einen blinden Glauben setzt, der von der Kirche eingeführt und gepflegt wurde, um die Menschen unter ihre Kontrolle zu bringen; den niedrigen moralischen Standard barbarischer Zeiten als Beispiel göttlicher Gunst hochhalten; Sie erzählen von Morden, Inzesten , Ehebrüchen und Obszönitäten, die das Buch ohne seinen vermuteten Ursprung längst aus den Regionen der Verfeinerung und Zivilisation verbannt hätten und die durch ihren einfachen und unbestreitbaren Zugang zu jungen Geistern als Anregung zum Zerstörerischen dienen Lüsternheit; Sanktionierung der menschlichen Sklaverei und Förderung von Blutvergießen im Kampf; ein Beispiel für erpresserische Zehnten zur Unterstützung des Kirchentums zu geben; Er spricht die herzzerreißendsten Verwünschungen aus, die direkt vom Allmächtigen kommen, weil er seinen angenommenen Befehlen nicht Folge geleistet hat und die als Vorbild dienen, um die schrecklichen Grausamkeiten zu rechtfertigen, die der Menschheit von den Kirchen zugefügt werden, so literarische Vorbilder sie auch sein mögen Anathemas, Verbote und Exkommunikationen, mit denen die ältere Kirche die Menschheit fünfzehnhundert Jahre lang terrorisierte. „Das werde ich auch mit euch tun: Ich werde Schrecken, Schwindsucht und brennendes Fieber über euch setzen, das die Augen verzehren und Kummer im Herzen hervorrufen wird, und ihr werdet euren Samen vergeblich säen; denn deine Feinde werden es fressen. „Ich werde auch wilde Tiere unter euch senden, die euch eure Kinder rauben und euer Vieh vernichten und eure Zahl verringern werden, und eure Straßen werden verwüstet sein." „Denn sie gingen hin und dienten anderen Göttern und beteten sie an, Götter, die sie nicht kannten und die er ihnen nicht gegeben hatte; Und der Zorn des Herrn entbrannte gegen dieses Land, um alle Flüche darüber zu bringen, die in diesem Buch geschrieben stehen." „Hasse ich nicht diejenigen, o Herr, die dich hassen? Ja, ich hasse sie mit vollkommenem Hass." „Du sollst nicht zulassen, dass eine Hexe am Leben bleibt." „Auch ein Mann oder eine Frau, die einen vertrauten Geist hat oder ein Zauberer ist, soll mit Sicherheit getötet werden." „Und ihr werdet eure Feinde verfolgen, und sie werden vor euch durch das Schwert fallen." Allein aufgrund der Autorität solch tödlicher Texte wie dieser, und das Buch ist voll davon, wurde die Welt mit Blut übergossen. Es waren diese, die Spanien eine vorgebliche Genehmigung des Herrn gaben, fünfzehn Millionen Menschen in Mexiko und Peru, die eine bessere und höhere Zivilisation hatten als es selbst, auszurotten und sie ihres Reichtums und Besitzes zu berauben. Es waren diese und solche, die die Inquisition autorisierten und initiierten, die von 1481 bis 1808 340.000 Menschen folterte und durch Verbrennung auf schreckliche Weise tötete. Sie waren es, die das Massaker von St. Bartholomäus mit seinen 30.000 Opfern durch Feuer und Schwert auslösten; die englischen Verfolgungen unter Bloody Mary, bei denen dreihundert Mitmenschen ums Leben kamen; die fast vollständige Vernichtung der Albigenesis im Süden Frankreichs. Dieser Krieg wurde mit grausamerer Grausamkeit geführt als jemals zuvor in der Geschichte; Die fanatische Wut der Soldaten wurde durch die Ermahnungen des Klerus angeheizt. Bei der Erstürmung von Baziers , als man vorschlug, die Katholiken zu schonen, rief ein Mönch aus: „Tötet alle, Gott wird die Seinen anerkennen", und das grausame Gebot wurde nur zu gut befolgt. Der Krieg endete mit der völligen Verwüstung des Landes und der fast vollständigen Vernichtung seiner Bewohner. Wir folgen dem blutigen Weg dieser barbarischen Gebote und müssen die Hexenverbrennungen in Europa und Amerika während der Zeit der christlichen Herrschaft aufzeichnen, die sich auf Hunderttausende belaufen; die Kreuzzüge und rein religiöse Kriege seit der Zeit Konstantins, deren Opfer unkalkulierbar sind; und das alles zu keinem anderen Zweck oder Zweck, als dass die Welt zum Glauben an das bekanntermaßen theologische System einer niedrigen sozialen Entwicklung gezwungen werden sollte; Dies ist der schreckliche Preis für die Menschheit, der durch die Übernahme und systematische Beibehaltung der alten jüdischen Überzeugungen und Denkweisen durch die Kirchen entsteht; Dies ist die Zufügung, damit der Geistliche Glauben siegen könnte, indem er die Bergpredigt nutzte, um das Gewissen der Menschen zu erobern und sie mit den Geboten, Flüchen und Strafen einer hebräischen Gottheit zu geißeln, um sie für seine Zwecke in Einklang zu bringen. Hat das Christentum nicht den Fortschritt der Menschheit verzögert, indem es sich diese jüdischen Annalen zu Herzen nahm und sie zu einem Teil seiner selbst machte, als Objekte des Beispiels und der Verehrung? Hat es durch sie nicht das Wissen behindert, eine größere Ausweitung der menschlichen Sympathie verhindert und die Verbesserung der sozialen Bedingungen verlängert?

In diesen Tagen der Aufklärung und des höheren Denkens sind überall die Überreste unserer fünfzehn Jahrhunderte der Irreführung zu sehen. Fast jedes christliche Leben trägt den Eindruck dieser grausamen hebräischen Traditionen. Der Kommandant eines Schlachtschiffs im Krieg mit Spanien versammelt seine Männer, nachdem er zahlreiche Feinde niedergemetzelt hat, um „dem Herrn zu danken", und ermahnt sie im nächsten Moment, nicht zu jubeln, weil „die armen Kerle sterben". veranschaulicht die Vermischung des jüdischen Aberglaubens mit der Lehre und dem Beispiel des Meisters, die überall in unserer gegenwärtigen Zivilisation zu beobachten ist. Die inhärenten religiösen Impulse der Menschheit – die Naturreligion –, von denen einige keinen passenderen Platz finden und sich von den Kirchen angezogen fühlen, betrachten den Krieg mit einem Gefühl größerer Abneigung als die orthodoxe Theologie, die im Glauben an seine göttliche Sanktion indoktriniert ist, und folglich Der Erfolg der amerikanischen Waffen, der so offensichtlich auf natürliche Ursachen zurückzuführen war, wurde von den Kirchen in der üblichen althebräischen Methode mit „Dank an den Herrn" gefeiert. Die äußerste Intoleranz des Christentums, die der Menschheit so viel Schaden zugefügt hat, ist eindeutig auf die Vorschläge der hebräischen Schriften zurückzuführen, und es ist nur die natürliche Religion innerhalb der Kirchen und der große Teil außerhalb von ihnen, die das Christentum zu einem reineren Gottesdienst zwingt und die Zerstörung seines Aberglaubens. Sie fordert für alle Dinge, heilige wie unheilige, das Recht auf kritische Prüfung, und sie sieht in unserem Heiligen Buch außer der Bergpredigt und ihren Erweiterungen nur wenig anderes, was es wert wäre, bewahrt zu werden. Es ist diese natürliche Gewissensreligion, die von Wissenschaft und Vernunft ermutigt und gefördert wird und die dem Geistlichen die Kontrolle über die Zivilisation entrissen hat. Ihre intellektuelle Stärke überwiegt letztlich die intellektuelle Stärke der Theologie; Aber es gibt viele Denklose in der Menge, und der Kampf, der vor vier Jahrhunderten begann, dauert immer noch an, die Theologie wird durch ihre schwachen Kräfte gestützt, ihre alten Waffen zerstört und die Wissenschaft durch ihre starken Männer mit Suchscheinwerfern.

Aber die Scheinwerfer der Wissenschaft können das Herz des Christentums nicht stören. Seine Versöhnungslehre wurde durch die etablierte Wahrheit der Evolution zerstört; sein Bericht über die Schöpfung und die Sintflut erwies sich als Fabeln; Seine Wunder sind diskreditiert und viele von ihnen wurden von der Wissenschaft als unwahr erwiesen. Dennoch trägt es immer noch ein Element in sich, das im Einklang mit den Bestrebungen der Menschheit nach der kommenden Verbesserung auf Erden und im Jenseits steht. All diese Dinge, die es verloren hat, sind nur pervertierte Ableger seines

Körpers, kein Teil des Körpers selbst. "Einander lieben. „Behandle andere so, wie du möchtest, dass andere dir tun sollen", sind die goldenen Worte, die es in der Welt als lebendige, bewegende Kraft etabliert haben. Aus diesen bestehen seine Seele und sein Leben, und diese kann kein Pfeil der Wissenschaft erreichen. Abgesehen von seinen Dogmen wird jeder Mensch in den Bereichen der Zivilisation als Christ geboren, und ohne seine frühe Pervertierung durch eine listige Priesterschaft, seine intolerante und grausame Karriere durch erzwungene und unwürdige Gemeinschaft sind alle Menschen, gelehrte wie ungebildete , würde in seinen Reihen arbeiten.

Es kam in die Welt und trat in die Gesellschaft ein und bahnte sich seinen Weg von unten nach oben. Wie alle Bewegungen, die aus den unteren Schichten hervorgingen, war sie sozialistisch. Sein Urheber, denn er kann nicht als sein Anführer bezeichnet werden, war der erste Mensch, der jemals in der Welt als Anstifter einer großen Reformbewegung zum Wohle der gesamten Menschheit auftrat, ohne ein offensichtliches oder vermutetes Motiv, in Verleugnung seiner absoluten Selbstlosigkeit und Die Bewegung war in ihren Anfängen ein reiner, selbstloser Sozialismus, der ganz von ihm inspiriert war. Seine Mitglieder waren durch die engste Bruderschaft miteinander verbunden und liebten und sorgten füreinander auf göttlichen Befehl hin. durch einen Auftrag des Himmels für gleich erklärt, in einer Zeit, in der drei Viertel der Menschheit von einer grausamen Oligarchie, Sklaven und Abhängigen, ausgestoßen, vernachlässigt, vernachlässigt und misshandelt wurden, unter denen es ein Unglück und Elend war, geboren zu werden und zu haben eine Religion, die so zwecklos und aussichtslos ist, dass sie nichts als eine vorübergehende spektakuläre Zurschaustellung zulässt. Für diese Menschen war die neue Religion ebenso angenehm und willkommen wie der warme Sonnenschein und das grüne Grün des Sommers nach einem langen Aufenthalt in der Arktis. Seine Lehren berührten die Gesellschaft dort, wo sie ihre humanen Gebote und ihren Aufstand am meisten brauchte. Fast ein Jahrhundert lang war kein Dogmensystem, keine Sühnelehre, keine umfassende kirchliche Autorität festgelegt worden, und der gesamte Schwerpunkt der religiösen Lehre war auf die Verehrung eines moralischen Ideals und die Kultivierung moralischer Qualitäten gerichtet. Ihre Zahl, die bis dahin von der höheren und herrschenden Klasse entweder mit verächtlichem Schweigen oder gelegentlich mit argumentativem Widerstand betrachtet worden war, nahm so zu, dass ihr politisches Gewicht ein neues Feld für die Ausübung von Autorität und Macht versprach Von da an begann die Hinzufügung intellektueller Kräfte, die seinen Charakter so völlig veränderten.

Jede von ihren neuen Führern eingeleitete Änderung diente ausschließlich dem Zweck, ihre Zahl zu erhöhen und ihr politisches Gewicht zu erhöhen. Sie begannen damit, einen Kompromiss mit dem Heidentum einzugehen, indem sie einige seiner Rituale übernahmen, die Vorstellungskraft der unkultivierten Menge durch spektakuläre Zurschaustellung befriedigten, ein System der Kirchenregierung mit einem Exekutivoberhaupt erfanden und die jüdischen Annalen als organische Gesetze und Denkweisen übernahmen , indem er den Glauben an Wunder kultivierte und ihn bei jeder Gelegenheit steigerte, bis er mit dem einen Ziel, die Welt zu besiegen, wie Cæsar es mit seinen Legionen tat, blutiger als Cæsar , eine von Menschen ins Leben gerufene Bewegung voller Menschlichkeit in die Hand nahm in den unteren Schichten des Lebens, um ihre harten Linien zu mildern und ihnen neue Hoffnungen zu geben und ihre Sympathien und Gefühle der Brüderlichkeit zu stärken, wurde es und bleibt in vielen Teilen der Welt bis zum heutigen Tag unter der damit verbundenen Dispensierung kirchlicher Dogmen und Kontrolle, eine Dienerin von Königen und Kaisern in Unterdrückung, eine Verfechterin des tödlichen Aberglaubens, eine Einschüchterin des freien Denkens und des freien Lernens, ein unbekümmerter Beobachter der Nöte des Lebens jenseits seines missionarischen Interesses, rücksichtslos gegenüber der ganzen Welt und ihren Angelegenheiten, es sei denn, es kann von seiner Theorie der ausschließlichen Erlösung und dem Sprachrohr einer anhaltenden Barbarei in geschwätzigen Phrasen profitieren, die längst ihre Kraft und Bedeutung verloren haben.

Und doch brauchte die Welt noch nie so sehr ein reines Christentum. Ein erweitertes Wohlwollen, das vom Skeptizismus ebenso geschätzt und gefördert wird wie die Kirchen, ist eines der Merkmale der modernen Gesellschaft. Obwohl die körperlich Starken die körperlich Schwachen nicht mehr so erbarmungslos ausnutzen wie früher, jagen die finanziell Starken die finanziell Schwachen mit ebenso wenig Gewissen aus, und die intellektuell Starken jagen die intellektuell Schwachen mit ebenso viel List aus wie sie waren in barbarischen Zeiten. Die Zivilisation hat die beiden zuletzt genannten Übel verstärkt. Die umherstreifenden Massen unter der Last erdrückenden Reichtums lassen sich ihres besseren Wissens nicht länger durch die Versprechungen eines verfälschten und zusammengesetzten Christentums besänftigen, dessen Hauptaufgabe seit Jahrhunderten darin besteht, ihnen als Wiedergutmachung für ihr irdisches Unrecht ein Paradies zu bieten, das auf sie wartet; Aber jetzt ist die Menge, die von einem Wissen aus dieser Zeit beeindruckt ist, gegen diese Verlockungen immun. Die arbeitenden Millionen, die den Wenigen ein leichtes Leben verschaffen, ihren Reichtum vermehren und den brillanten materiellen Fortschritt, der uns umgibt, zu einem erfolgreichen Ende gebracht haben, sind die eigentliche Welt, alle anderen sind lediglich Abhängige . In diese Welt und in diese Gegenden, aus denen das Christentum kam, muss es sich darauf vorbereiten, wieder einzutreten, und der Schatten davon ist bereits zu sehen. Sie muss ihre Dogmen und ihren Aberglauben ablegen, die sie bis jetzt teilweise in Vergessenheit geraten und zum Schweigen gebracht hat, und sich stattdessen mit den Dingen der Welt befassen. Es muss zu den Geldwechslern der Tempel und in die Hallen und Nebenwege der Gesetzgebung gehen und überall gegen das Böse kämpfen; Denn dadurch wird der Welt ihre Verbesserung gewährt oder verweigert, und sie muss die Wissenschaft zu ihrer Rechten stellen und sie als ein Attribut der Gottheit anerkennen. Das Christentum mit diesem Gefährten, dessen reines Ideal sich aus seinen kirchlichen Nebeln erholt hatte, sich auf eine neue Reise durch die Welt begab, der Wahrheit den Weg ebnete, anstatt sie zu unterdrücken, und sich in jeder Hinsicht der natürlichen Religion der Menschheit anpasste, würde zur Menschheit werden das, was die Sonne für die Erde bedeutet, tröstet die Seelen der Menschen durch ihre Hoffnungen, vergrößert ihre Wohltätigkeit durch ihre Gebote und erweckt so manchen Keim der Tugend und Güte zum Leben, der sonst niemals erblüht wäre, um seinen moralischen Duft zu verströmen die Erde.

Das Vorstehende wurde geschrieben, um diesen Gedankengang anzudeuten, dessen Überzeugungen hier und da kurz auf den Seiten dieses kleinen Buches zum Ausdruck kommen, das jetzt in seiner dritten Auflage der Öffentlichkeit angeboten wird. Es ist immer sicherer und angenehmer, sich mit der überlieferten Theologie im Geiste der Ehrfurcht zu befassen, wie man sie normalerweise in der Literatur findet; so niemanden beleidigen und die Zustimmung einer würdigen und einflussreichen Klasse finden; Aber es gibt noch andere Gründe, warum negative Kritik an theologischen Methoden und Überzeugungen nicht so oft öffentlich ausgenutzt wird, wie es ihrer Bedeutung für die Gesellschaft gebührt. Erstens hat die Erfahrung gezeigt, dass Irrtümer des religiösen Glaubens, die sich im Säuglings- und Jugendalter eingeprägt haben, selten durch Diskussion beseitigt werden . Wir sind noch nicht an dem Punkt angelangt, an dem die Liebe zur Wahrheit in den Köpfen der Menschen so vorherrscht, dass sie jedes Vorurteil opfern und jeden gegnerischen Einfluss ablehnen, um sie zu erlangen. Das Christentum hat jedem jungen Geist in seinem Zuständigkeitsbereich ein ausgeklügeltes System von Vorurteilen auferlegt, und diese haben sich mit den heiligsten Assoziationen der Kindheit verwoben und appellieren so stark an die Zuneigung, dass jede ausdrückliche Leugnung ihrer genauen Wahrheit in den meisten Fällen Erregung hervorruft. ein Gefühl des Grolls, das oft zu geringfügiger Verfolgung führt. Eine große Mehrheit der Menschheit akzeptiert ihre Meinungen von Autoritäten, und alle Autoritäten haben bisher Überzeugungen gefördert, die so untrennbar mit dem moralischen Wohlergehen der Gesellschaft verbunden zu sein scheinen und die weiterhin die Vorherrschaft von Institutionen und Denkweisen vertreten, deren Subversion sie ist angeblich wäre in vielerlei Hinsicht gefährlich. Dennoch bleibt die Tatsache bestehen, dass die Welt vor allem durch das Eindringen in diese alten Überzeugungen zu ihrem gegenwärtigen Fortschrittsstadium gelangt ist und dass orthodoxe Theologen der Meinung sind, dass sie in ihrer

Gesamtheit beibehalten werden sollten, oder dass dies bei anderen der Fall sein sollte abgeschafft, macht keine Figur; Denn die Vorsehung hat, ob nun gut oder schlecht in den Meinungen der Menschen, angeordnet, dass nur diejenigen leben sollen, die die Wahrheit repräsentieren, und wenn man dies mit Gewissheit weiß, ist es von größtem Interesse herauszufinden, was die Gesellschaft wahrscheinlich verlieren oder gewinnen wird durch diese Modifikation religiöser Überzeugungen, bei der nur die Wahrheit übrig bleiben soll. Wenn wir diesen zukünftigen Zustand nicht mit Sicherheit vorhersagen können, wird er größtenteils durch vergangene und gegenwärtige Erfahrungen vorhergesagt. Was die Welt durch die Veränderung religiöser Überzeugungen verloren hat, wäre schwer zu finden, und was sie gewonnen hat, würde Bände erfordern, um es aufzuzählen. In Bezug auf das wichtigste aller menschlichen Interessen, die Freiheit des Menschen, die Freiheit des Gewissens und die Freiheit der Rede, hat die Menschheit bisher noch keine angemessene Anerkennung für die großen Verdienste des stillen und erklärten Skeptizismus gefunden, der die Verwirklichung dieser Ziele herbeigeführt hat diese Segnungen. Die Schriften von Moses, die aufgezeichnete Weisheit Salomos, die Enzykliken der Päpste und die Predigten von Bischöfen und Priestern, sowohl protestantischen als auch katholischen, in ihrer Erhebung der Niedrigen, in ihrer Förderung der Brüderlichkeit und in dieser exakten und gleichmäßigen Gerechtigkeit für alle Menschen, soweit ihre praktischen Dienste für die Menschheit in diesen Richtungen gemessen werden können, versinken sie in einer leeren Bedeutungslosigkeit, wenn man sie mit jenen organischen Erklärungen und Gesetzen vergleicht, auf denen diese große Republik gegründet wurde und die das Ergebnis und Produkt davon waren eine damals noch junge Aufklärung, die den gemeinsamen Anstrengungen europäischer skeptischer Schriftsteller zu verdanken war, die durch ihr Genie des Sarkasmus und ihre prägnanten Argumente die alten theologischen Denkweisen durcheinander brachten und die Welt zu großen Fortschritten im Rationalismus erweckten. Dass diese neuen amerikanischen Regeln der politischen Gleichheit, Leuchtfeuer der Freiheit, denen die Menschen folgen und die sie bewundern sollten, ihre Inspiration und ihren Ansporn von jenen neuen Lichtern in der Literatur erhielten, die zu dieser Zeit die Gedankenwelt bewegten, steht außer Frage. In diesen berühmten amerikanischen Dokumenten wurde die praktische Umsetzung von Grundsätzen dargelegt, die von europäischen Schriftstellern formuliert und vorgeschlagen wurden, und die aktivsten Männer, die an der edlen Arbeit der Bildung der neuen Regierung beteiligt waren, waren bekanntermaßen Schüler dieser Grundsätze Führer des antitheologischen Denkens . Unsere Unabhängigkeitserklärung und Bundesverfassung stehen heute für große Errungenschaften des modernen wissenschaftlichen Denkens und auffällige Triumphe des Rationalismus über alte Methoden und lassen in diesen großen Werken eine bessere Weisheit ahnen, die Angelegenheiten der Menschen zu regeln als alle Zeitalter, geleitet von der hebräischen Tradition. Dennoch wird in diesen Dokumenten ein Überfluss an natürlicher Religion und dem Geist des Meisters zu sehen sein. „Tue anderen, was du möchtest, damit andere dir tun."

Wenn wir uns mehr als fünfzehn Jahrhunderte lang den Lehren hingegeben haben, die uns auf allen Wegen des Lebens vermittelt wurden, und zwar so eifrig, dass weder die Kindheit noch die Jugend, das Mannesalter oder das Alter ihren unermüdlichen Drängen zur Annahme entgangen sind; Lehren, die sieben Achtel der Menschheit der ewigen Qual ausliefern, weil die meisten von ihnen keine Fehler, sondern einen Mangel an Möglichkeiten haben, der unter der Vorsehung geleugnet wurde, ist es nicht unvernünftig, aus dieser Erfahrung der Veränderlichkeit des menschlichen Verständnisses zu schließen, dass Es gibt andere Überzeugungen, die durch jahrhundertelange Gewohnheiten und falsches Denken in unserem Gedächtnis verankert sind und ebenso unhaltbar sind und die ebenso zu Recht in unseren Irrtumskatalog aufgenommen werden können. Wo sollen wir dann nach der Wahrheit suchen? Autorität ist, wie wir gesehen haben, kein unfehlbarer Führer. Wir werden nie erfahren, wie sehr die fleißige Verbreitung von Irrtümern auf die selbstsüchtige Liebe der Konzernmacht zurückzuführen ist, wie sehr auf reine Wohlwollen. Auch die klügsten Köpfe sind keine sicheren Beobachter in allen Bereichen des Denkens. Aristoteles verteidigte die Sklaverei, die Verfolgung durch Hobbes, die Hexerei von Johnson und den religiösen Aberglauben von Gladstone; aber trotzdem werden wir niemals den äußersten Punkt der Verzweiflung erreichen; denn die Kultivierung des Geistes, die deduktive Nutzung positiven Wissens und die uneingeschränkte Ausübung der Vernunft führen so direkt zur Wahrheit, wie die Schwerkraftlinie auf den Mittelpunkt der Erde zeigt, und nur durch sie wird ihre Herrschaft begründet in der Welt.

WS

EINLEITEND.

MEIN Wohnsitz liegt auf dem Plateau eines Berges in Kalifornien. Ich betrat diese Region und wurde durch ein glückliches Ereignis Siedler. Vor etwa 35 Jahren unternahm ich einen Sommerausflug aus geschäftlicher Nähe in die Metropole und kam hierher, um auf Hirschjagd zu gehen. Eines dieser wunderschönen Tiere, die ich mit meinem Gewehr verwundet hatte, führte mich weiter in diese wilde und malerische Gegend, als ich eigentlich vorhatte, und so gelangte ich, wie ich glaube, als erster Weißer an diesen Ort, der jemals einen Fuß darauf setzte . Als ich am späten Nachmittag hier ankam, befand ich mich zu weit von meinem Weg entfernt, um bei Tageslicht zurückzukehren, und so verbrachte ich, während ich ein Feuer machte, meine erste Nacht allein an diesem seltsamen Ort. Es war das erste Mal in meinem Leben, dass ich an einem Ort geschlafen habe, an dem sich nicht in der Nähe meiner Stimme ein menschliches Wesen befand, und von dieser Nacht an habe ich eine Veränderung in meinen Gefühlen, Gedanken und Gefühlen erlebt, die meine Karriere verändert und mich verändert hat , wofür ich mich entschieden habe, ein Einsiedler.

Ich lebte seit etwa dreißig Jahren auf der Welt inmitten der künstlichen Umgebung einer Stadt. Ich hatte den Himmel kaum gesehen, außer zwischen den Rändern der gegenüberliegenden Hausdächer. Von Kindesbeinen an hatte ich emotionslos den Auf- und Untergang der Sonne an einem Horizont aus Schornsteinen und Türmen beobachtet; und als sich mir diese Ausstellungen zum ersten Mal hier in dieser kristallenen Atmosphäre, mit einer für mich neuen Weite aus dieser Höhe präsentierten, wirkten sie wie eine Offenbarung. Es schien mir, als wäre ich plötzlich in die Welt hineingeführt worden und würde zum ersten Mal in meinem Leben auf die erstaunlichen Phänomene um mich herum blicken.

Bis zu diesem Moment hatte ich noch nicht die geringste Ahnung von der Pracht und den ungeheuren Wundern, die der Himmel unserer Beobachtung bietet. Hier begann ich auch zum ersten Mal, mich an jenen schönen und merkwürdigen Vorgängen der Natur zu erfreuen, bei denen die platzenden Keime, die allmählich aus dem Boden aufsteigen, ihre Formen ändern, ihre Organe vermehren und sich nach einer Zeit mit leuchtenden und leuchtenden Blüten krönen köstlich duftende Blumen. In meiner neuen Beobachtung und Vertrautheit mit dem Pflanzenwachstum, mit einigen Vorkenntnissen der dazugehörigen Wissenschaft und mit einer neu entdeckten Freude daran, die Veränderungen der Position und der Charaktere der Himmelskörper durch die gierige Aneignung aller

Informationen in meinem Inneren zu markieren Ich bin dazu gekommen, ohne Reue auf die gesellschaftlichen Freuden des Lebens zu verzichten.

Durch die liberalen Gesetze meines Landes bin ich in den Besitz dieses attraktiven Ortes gelangt und habe mich bisher dafür entschieden, ihn in seinem natürlichen Zustand zu belassen. Ich kam als junger Mann hierher. Ich bin jetzt alt. Fünfunddreißig Jahre meines Lebens habe ich auf dieser Höhe verbracht, unter Selbstverbannung aus der Gesellschaft, ohne mein Interesse an menschlichen Angelegenheiten im Geringsten zu mindern. Meine Kommunikation mit der Welt erfolgt hauptsächlich über Bücher. Ein oder zwei Wochenzeitungen und andere Veröffentlichungen, die ich bestellen kann, werden mir vom Bezirksboten mehrere Meilen entfernt in einem hohlen Baum hinterlassen; und so entgeht mir kein wichtiges Ereignis und keine neue Entdeckung auf der Welt.

Ich habe mit meinen eigenen Händen eine Hütte gebaut, die viel Bequemlichkeit und Komfort bietet, und auch einige Nebengebäude, die mein Geflügel und ein paar sanfte Kühe beherbergen, die in den natürlichen Gräsern reichlich Futter finden und regelmäßig zum Melken zu mir kommen Zeit, scheinbar sowohl zum Vergnügen, gestreichelt zu werden, als auch um mir die Hauptnahrung meines Lebens zu liefern.

In der Mitte meines Anwesens befindet sich ein Forellendampfbad mit hier und da Erweiterungen, die mir als Badeplätze dienen und aus denen die wenigen Haustiere um mich herum reines und kühles Getränk erhalten. Dieser Bach bahnt sich seinen Weg durch den Grund einer Senke und wird von den hohen Zweigen der Bäume, die an seinen Rändern wachsen, so überragt, dass das Sonnenlicht nur fleckenweise eindringt und von der unruhigen Wasseroberfläche so reflektiert wird, dass es die Wasseroberfläche markiert auf hinterhältige Weise mit der Erscheinung einer Reihe blinkender Spiegel. Das umgebende dichte Laubwerk aus mindestens hundert Baum- und Straucharten weist eine Farbvielfalt auf, die außerhalb der Tropen selten zu sehen ist. Dieser bezaubernde Ort hat seine Stimmen, so unruhig wie die Lichter und Schatten, die in ihm spielen. Jeder Miniaturwasserfall hat seine flüssige Note; während zu bestimmten Stunden aus jedem Viertel des Laubwerks oben eine wirre Melodie von Vögeln ertönt, die sich, wie ich Grund zu der Annahme habe, dort zur Unterhaltung und zum Klatsch versammeln.

Außerhalb dieser bewässerten Region ist mein Gehöft mit Öffnungen durchsetzt, wo der reiche Lehm nur auf die Arbeit des Anbaus wartet, um eine Fülle von Getreide oder Früchten hervorzubringen. Jeder Baum und Strauch innerhalb meines Besitzes von einer halben Meile im Quadrat scheint durch lange Vertrautheit ein Teil von mir selbst geworden zu sein. Wir leben und altern zusammen. Ich habe in ihnen die Entwicklung des Säuglingsalters, die langsame und schrittweise Herangehensweise an die Jugend und den Wendepunkt von der Reife zum Alter beobachtet. Unter diesen alten Monarchen des Waldes gibt es hier und da einen, der die Anzeichen eines überalterten Verfalls aufweist. Zu ihren Füßen lagen viele ihrer verdorrten, saftlosen Gliedmaßen. Sie haben ihre Symmetrie verloren und stehen in dürren Umrissen da. Ich sehe, wie sie von Jahr zu Jahr ihr Leben allmählich aufgeben, während neben ihnen eine neue Generation entsteht. Zwischen uns herrscht ein Mitgefühl. Meine Haare werden dünner und weiß und mein Schritt ist nicht mehr fest und elastisch. Wie sie neigt sich mein Lebensabschnitt dem Ende zu, und doch bin ich im Vergleich zu vielen von ihnen ein Kleinkind an Jahren. Ich verneige mich vor ihnen mit einem Gefühl der Ehrfurcht. Sie sind meine alten Männer. Die Jüngeren sind meine Kinder – meine! Was für eine großartige Sache ist es, diese in meinem Besitz zu haben – ein so erlesenes Stück dieser blühenden Erde für mich zu besitzen, wo alle geheimnisvollen Kräfte Tag und Nacht für mich allein am Werk sind!

Ich habe auch ein anhaltendes Interesse an den Kreaturen entwickelt, die von Natur aus Bewohner dieses Ortes sind. Vor langer Zeit habe ich meine Waffe als Instrument der Zerstörung beiseite gelegt, und jetzt ruht sie nur noch zur Verteidigung auf ihren Stiften über meinem Kissen. Nach und nach habe ich Vertrauen zu den einheimischen Vögeln und Tieren, die mich umgeben, gewonnen, so dass es wunderbar ist, wie viele von ihnen mich willkommen heißen und meine Anwesenheit genießen. Zur Fütterungszeit strömen Myriaden von Wachteln und anderen Vögeln in meinen Geflügelstall, die mit amüsanter Selbstsicherheit um meine Füße rennen und um die Krümel streiten, die ich verstreue. Die grauen Eichhörnchen kann man oft dabei beobachten, wie sie aus ihren Verstecken in den Bäumen auf mich zulaufen, in Erwartung ihrer gewohnten Vorliebe für Weizenkörner, die für sie in meinen Taschen verstaut sind. Ich habe drei Hirsche als Haustiere, ganz zahm und domestiziert, deren innige Bekanntschaft auf einzigartige Weise zustande kam. Eines hellen Nachmittags saß ich auf meiner Türschwelle und hatte eine Zeit lang dem Bellen der Hunde in den benachbarten Bergen gelauscht, als plötzlich eine zitternde Hirschkuh auf mich zustürmte und ihre strahlenden Augen scheinbar auf mich gerichtet hatte Erwecke mein Mitleid, sie warf sich mir buchstäblich in die Arme. Ich erfasste die Situation auf einen Blick und versuchte, sie zu meiner Tür zu zwingen, bevor die Hunde eintrafen. Dafür war es zu spät, ich konnte mich nur mit einem Stock von meinem Holzstapel bewaffnen, als die ganze jammernde Meute auf uns losging. Es war ein harter Kampf und erst nach vielen Bissen und Kratzern der enttäuschten Hunde konnte ich sie besiegen. Ich hielt sie einige Tage lang in einem sicheren Nebengebäude, wo ihr zwei wunderschöne Kitze zur Welt kamen; und seitdem sind die Mutter und der Nachwuchs meine

Lieblingshaustiere und folgen mir wie Kinder. Meine Bekanntschaft mit den anderen Lebewesen in der Umgebung ist, wenn auch nicht so intim, dennoch von so vertraulicher Art, dass sie bei meiner Annäherung keine Angst verspüren, und so wird mir durch diese freie Zurschaustellung bewusst, wie sehr es hier vor tierischem Leben wimmelt ist die Erde in ihren schönsten Teilen.

In meinen früheren Jahren habe ich die Kälteböen und die sengende Hitze anderer Klimazonen gespürt. Jetzt ruhe ich in der glücklichen Befriedigung, dass ich in dieser ausgeglichenen Temperatur und angenehmen Umgebung einen Ort gefunden habe, an dem man das Leben als einen Segen betrachten kann. Ich habe in einigen Wissenschaften genügend Kenntnisse erworben, um mir ein oder zwei nützliche Instrumente zu bauen, und ich interessiere mich besonders für mein Teleskop mit einer Öffnung von drei Zoll, mit dessen Gebrauch ich viele Stunden verbringe, die mir sonst schwerfallen würden meine Hände. Ich habe auch ein gutes Mikroskop und ein Feldstecher. Durch letztere bringe ich den Blick auf die fernen Hügel und Berggipfel und beobachte häufig Gruppen von Hirschen, die ruhig grasen, und manchmal eine Pantherfamilie, die auf dem grünen Teppich einer Öffnung herumtollt, oder einen Adler, der seine Jungen am unzugänglichen Abgrund füttert eines Abgrunds; und in selteneren Fällen ein Bär, der eine Meile entfernt unter einer üppigen alten Eiche selbstgefällig Eicheln kaute. Mein Mikroskop hat mir eine Welt voller Wunder offenbart. Ich habe dadurch die begrenzte Reichweite unserer Sinne entdeckt und wie weit sich sowohl unter als auch über uns das Unendliche erstreckt. Ich tappe in der Dunkelheit meines Verständnisses zwischen einem Atom und der äußeren Grenze der Sterne umher, und jeder Schritt hin zu einem der beiden zeigt eine Vergrößerung der Distanz an. Ich verfolge diese Dinge nicht mit dem Geist und Ehrgeiz eines Studenten, sondern vielmehr wegen der Unterhaltung, die sie bieten, und der Meditation, die sie hervorrufen. Ich habe alles, was über die Bewegungen und Exzentrizitäten der Himmelskörper bekannt ist, innerhalb meiner teleskopischen Sicht gelernt, und ich blicke nie ohne Entzücken auf sie. Was sind alle anderen Shows dazu? Wie viele dieser unzähligen Welten sind bewohnt? Welche Wesen sind auf ihnen? Wie sind sie im Vergleich zu uns? Ist es ihnen gegeben, die Ewigkeit zu begreifen? Ist das Wissen bei ihnen intuitiv oder erworben? So verliere ich mich in diesen verwirrenden Fantasien.

Es mag den Anschein haben, als hätte ich meinen Anteil an den Sorgen und Pflichten der menschlichen Gesellschaft gemieden. Wenn ja, dann liegt das nicht an mangelnder Sympathie für meine Artgenossen. Ich betrachte meine Mitmenschen aus meinem distanzierten und etwas isolierten Blickwinkel, ohne die übliche Ablenkung durch aktive Angelegenheiten, und sowohl mein Mitleid als auch meine Bewunderung werden geweckt. Die Leiden und

Sorgen meiner Art erscheinen mir aus dieser Position entsetzlich, während mir ihr Heldentum im Kampf um Wissen unbeschreiblich großartig vorkommt. Ich fühle mich mitten in der Zivilisation und doch abseits von ihr. Auch wenn ich ein Verlierer dieses Mangels an sozialer Abnutzung war, der die Denktätigkeit anregt, ist es dennoch sicher, dass ich nicht einer Kombination jener Einflüsse ausgesetzt war, die einen Irrtum plausibel machen. Die Meinungen und Gedanken der Welt kommen zu mir, und ich überprüfe sie mit vollem Bewusstsein für die Fehlbarkeit individueller Meinungen sowie mit einem beständigen Glauben an die stetige Annäherung dieser kollektiven Wahrheit, die früher oder später eintreten wird über die ganze Welt verbreiten.

KAPITEL I.

MEIN Teleskop ist in einer an meine Hütte angrenzenden Wohnung mit erhöhter Belichtung montiert und verfügt über einige zusätzliche Vorrichtungen zur bequemen Einstellung, die ich selbst entworfen und gebaut habe. Das Instrument kann nach Belieben angehoben und abgesenkt werden und ist durch eine bewegliche Kuppel geschützt, die mit ein paar Zügen leicht zur Seite gelegt werden kann. Es ist gut und hat für seine Größe eine bemerkenswerte Kraft. Es gelang mir, damit Doppelsterne der sechsten Größe zu erreichen, wobei ich häufig sogar den Orion mit seinen wunderschönen Doppel- und Mehrfachsystemen beobachtete. Ich kann damit leicht den am weitesten entfernten Planeten Neptun entdecken, und durch ihre fortschreitende Verschiebung habe ich damit die meisten Asteroiden gesehen und erkannt. Ich kann damit einen schönen Blick auf Jupiter werfen, diesen großartigen Planeten, der vierzehnhundertmal größer ist als unsere Erde, und habe die schwarzen Flecken auf seiner Oberfläche und den Durchgang seiner Monde beobachtet. Das großartige Schauspiel des Saturn und seiner Ringe wird mir mit bemerkenswerter Klarheit vor Augen geführt. Ich habe so oft in die düsteren Höhlen und auf die hoch aufragenden Berge unseres Satelliten, des Mondes, geblickt, dass mir seine Markierungen und Grenzen ebenso vertraut sind wie die benachbarten Hügel. Aber das Leben ist kurz, und inmitten dieses grenzenlosen Meeres von Welten habe ich meine Aufmerksamkeit nur auf eine einzige gerichtet, für das besondere Studium, das meine wenigen verbleibenden Jahre erlauben werden. Der Himmelskörper, der meine Aufmerksamkeit am meisten fesselt, ist, mit Ausnahme unseres Satelliten, der uns am nächsten gelegene, unser Nachbarplanet Mars.

Ich glaube, dass dieser Körper von Wesen bewohnt wird, die denen der Erde in vielerlei Hinsicht ähneln. Meine Schlussfolgerung ergibt sich aus vielen bekannten Fakten dazu. Der Mars hat eine Atmosphäre wie unsere. Seine Dichte unterscheidet sich nicht wesentlich von der der Erde. Die von der Sonne abgegebene Wärme, die möglicherweise durch atmosphärische Bedingungen verändert wird, ist höchstwahrscheinlich dieselbe wie bei uns. Es gibt Zonen mit unterschiedlichen Temperaturen und Jahreszeiten mit Sommer und Winter wie auf der Erde. Seine Tage sind ungefähr genauso lang wie unsere. Das Eis und der Schnee seiner Polarregionen sind deutlich wahrnehmbar und variieren in ihren Abständen genau entsprechend ihren wechselnden Positionen und Entfernungen von der Sonne. Daraus können wir ohne Zweifel schließen, dass seine Atmosphäre Feuchtigkeit mit der gleichen chemischen Zusammensetzung wie unsere enthält und wie bei uns zu Regen und Schnee verdichtet ist.

Es gibt jedoch auffällige Unterschiede zwischen Mars und Erde. Sein Durchmesser beträgt etwas weniger als die Hälfte unseres Planeten und seine Oberfläche beträgt nur etwa ein Viertel unserer, während sein Volumen nur ein Siebtel unseres Erdballs ausmacht. Darüber hinaus hat er statt eines einzelnen Satelliten wie bei uns zwei Monde, die sich in entgegengesetzte Richtungen um ihn drehen, und keiner von beiden kann in seiner Größe mit unserem verglichen werden.

Berechnungen und Theorien der fähigeren Wissenschaftler durch meine eigenen Beobachtungen zu bestätigen . Was den Mars betrifft, ist es vielleicht überflüssig zu erwähnen, dass es unter Astronomen unterschiedliche Meinungen über seine physikalischen Bedingungen gibt. Die ungewöhnliche rote Farbe seines reflektierten Lichts, seine hellen und dunklen Flecken und die Variation, die in den Formen beobachtet wird, die seine Scheibe überdecken, werden unterschiedlich erklärt. Bei Fragen wie diesen können sich also meine Fantasie und mein Einfallsreichtum frei entfalten, und der Wunsch, einige dieser umstrittenen Punkte zu meiner eigenen Zufriedenheit zu klären, steigert den Eifer meiner Beobachtung.

Ich habe viele Jahre lang voller Freude beobachtet, wann der Mars in Opposition sein würde – oder mit anderen Worten, wann er während seiner Umlaufbahn der Erde am nächsten kommt. Diese etwa alle zwei Jahre stattfindenden Ereignisse sind für mich Feiertage der Freude und des Vergnügens. Es gibt jedoch seltenere Oppositionen des Mars, die nur zweimal in einem Jahrhundert auftreten, wenn die Entfernung zwischen uns auf die kleinste Grenze reduziert wird; und es war mein Glück, aus dieser kürzeren Entfernung einen schöneren Blick auf diesen Himmelskörper zu werfen, als dies nur wenigen heute lebenden Menschen möglich ist.

Man kann sich gut vorstellen, was für ein überaus interessantes Ereignis das für mich war. Tage vor seinem Höhepunkt konnte ich beobachten, wie er sich immer mehr der Erde näherte. Jede folgende Nacht zeigte mir die langsam größer werdenden Proportionen und die größere Deutlichkeit der Objekte auf seiner Oberfläche. Hier war zweifellos eine Welt von Wesen mit Zielen und Unternehmungen wie wir, die mit einer bekannten Geschwindigkeit von 54.000 Meilen pro Stunde kopfüber durch den Himmel rollten. Dieser Planet näherte sich nun stündlich seiner größtmöglichen Nähe zur Erde. Damit ich keine Zeit damit verliere, dieses ungewöhnliche Schauspiel zu genießen, hatte ich mein Teleskop mit einer Art Uhrwerk ausgestattet, mit dem es auf seinem Kurs nach Westen genau mit dem Mars Schritt hielt. In diesen wenigen Tagen hatte ich in meinem Eifer, meine Augen an dieser seltenen Show zu erfreuen, alles andere vergessen. Die Nächte waren für die Beobachtung günstig gewesen; Und jeden Abend, nachdem ich mein Instrument auf den sich schnell nähernden Planeten gerichtet hatte, wurde mein Interesse so gebannt und absorbiert, dass alle meine gewöhnlichen körperlichen Bedürfnisse unterdrückt wurden. Ich hatte in diesen wenigen Tagen geistiger Aufregung jegliche Lust auf Essen und Schlaf verloren. Niemand könnte freier vom Aberglauben sein als ich, und doch war ich von einer unerklärlichen Vorahnung beunruhigt. Der Gedanke, dass genau in der Nacht des Höhepunkts, wenn mein Interesse am Höhepunkt sein würde, ein Wetterumschwung die Szene abschneiden könnte, bereitete mir ein wenig Angst. Aber abgesehen davon konnte ich in meinem etwas fiebrigen Zustand das Gefühl nicht unterdrücken, dass in meinen persönlichen Angelegenheiten ein bevorstehendes und bedeutsames Ereignis bevorstand. Irgendein seltsamer Einfluss schien den gewohnten ruhigen und friedlichen Zustand meines Geistes zu stören. Ich erwachte jedoch daraus und wurde ganz ich selbst, als am Abend meiner Hoffnung die Sonne unterging und eine Atmosphäre hinterließ, die so vollkommen war, wie ich es mir nur wünschen konnte. Der Himmel war ruhig und klar, mit gerade genug Feuchtigkeit in der Luft, um seine Transparenz zu erhöhen. Die gewöhnlichen Abendgeräusche schienen verstummt zu sein. Weder Nachtschwärmer noch Eulen schienen draußen zu sein, und das übliche Rascheln der Blätter und das Schwanken der Baumwipfel wurde von einer Ruhe unterdrückt, die mir seltsam vorkam. Der Tag war mäßig warm gewesen, und die von der Sonne destillierten Düfte der Tannen und Kiefern, verdichtet durch die Kühle der Dämmerung, erfüllten die Luft mit einem angenehmen Duft, als würde die Natur während der Feier eines alten Ritus Weihrauch verbrennen in dem alles Lebendige und Atmende in stiller Ehrfurcht gebeugt zu sein schien. Bis jetzt hatte ich nie gewusst, welche Sicherheit in den Naturgeräuschen lag, die jeden Abend an meine Ohren drangen. In meiner Bergheimat überkam mich noch nie ein Gefühl der Einsamkeit. Ich verspürte jetzt eine besondere Sehnsucht nach dem Klang einer menschlichen Stimme, nach einem Begleiter, an den ich mich von den Anregungen und Überzeugungen im Zusammenhang mit dem Gegenstand meiner Untersuchung und meinem Studium weitergeben konnte. Mein Kopf war voller Schlussfolgerungen zum physischen Zustand des Mars, die mit jeder neuen Beobachtung tendenziell bestätigt wurden. Ich hatte meine Theorie über sein rosafarbenes Licht zu erzählen. Ich hatte die Wolken gesehen, die sich auf seiner Oberfläche bewegten, seinen Polarschnee und seine Atmosphäre selbst. Ich hatte jetzt überhaupt keinen Zweifel mehr daran, dass es bewohnt war, und die Erwartung, es bald in seinem günstigsten Gegensatz zur Erde zu sehen, ging mit der Sehnsucht einher, dass ein menschliches Geschöpf dieses seltene Schauspiel mit mir teilen könnte.

Als die Dämmerung verblasste, schaute ich mit bloßem Auge nach Osten, und meine andere Welt zeigte ihr rotes Licht am Horizont wie eine aufgehende Sonne im Miniaturformat. Um Mitternacht würde es seinen Höhepunkt erreichen, und wenn ich es durch die geringstmögliche Dicke unserer Atmosphäre in seiner vertikalen Position betrachte, würde ich es so sehen, wie es seit über einem halben Jahrhundert kein Mensch mehr sehen könnte. Die bedrückende Stille und Ruhe blieb ungebrochen, und als ich mich in mein Observatorium setzte und das Teleskop justierte, fühlte ich mich nicht ganz in meiner gewohnten Lebenskraft. Die Temperatur war merklich gestiegen, während sie normalerweise im Laufe der Nacht gesunken war. Die Luft war schwül. Ein Gefühl der Verunsicherung überkam mich. Jetzt fiel mir ein, dass ich mich durch die lange Vernachlässigung von Schlaf und regelmäßigen Mahlzeiten selbst misshandelt hatte. Doch kaum hatte ich mein Instrument fokussiert, war ich wieder ich selbst. Unsere schöne Nachbarin erhob sich in den Himmel und reflektierte das Sonnenlicht in einem zarten Purpurton und in einer Größe, die meine Erwartungen übertraf. Ich konnte seine Drehung um seine Achse deutlich erkennen, indem ich die langsamen Bewegungen der Punkte auf seiner Scheibe und ihr plötzliches Verschwinden über seinem Glied bemerkte. Die Stunden kamen mir wie Minuten vor. Meine Müdigkeit und Krankheit waren vergessen. In meiner Freudenfreude wuchs der Wunsch, dass irgendein Mitgeschöpf es mit mir teilen könnte. Als mein Teleskop den Lauf des Planeten verfolgte, hatte er fast eine vertikale Position erreicht, als ich zu meinem Erstaunen sah, wie die ferne Welt plötzlich verschwand und über der Öffnung meines Instruments hin und her zu vibrieren begann. Eine kurze Überlegung verdeutlichte die Sache. Die Erde hatte gebebt. Allerdings war die Beunruhigung um mich herum so unbedeutend, dass ich sie nicht gespürt hatte. Aber ich hatte meinen Fokus verloren und der Mars befand sich bereits auf der Rückwärtsreise. Mein großer Urlaub war vorbei.

Ich senkte sofort das Teleskop ab und setzte die Schutzkuppel wieder auf. Ich sammelte die wenigen hastigen Notizen , die ich mir während meiner Beobachtung gemacht hatte, zum späteren Nachschlagen und Ausarbeiten und machte mich auf den Weg zu einem Apartment meiner Hütte, das mir als Bibliothek und Schlafzimmer dient. An einer seiner Seiten befinden sich mehrere Regale voller Bücher. Mein Bett steht in einer Ecke. Neben einem Tisch in der Mitte steht ein Sessel , und unter einem verhältnismäßig großen Fenster mit Blick auf den Süden befindet sich eine gepolsterte Lounge mit einigen Ansprüchen an Komfort und Luxus. Ich stürzte mich darauf, nachdem ich meine Papiere weggelegt hatte und die unteren Scheiben meines Fensters auf einer Höhe mit meinem Kopf waren, und blickte in die Nacht hinaus.

Der Mond blickte gerade im letzten Viertel über einen nahegelegenen Berg. Sein Licht, das teilweise durch ein Netz aus Baumwipfeln verdeckt wurde, warf Licht- und Schattenfiguren über die angrenzende Öffnung, so dass es schien, als hätte der Boden einen kolossalen Teppich mit fantastischen Verzierungen aus Ebenholz und Silber darauf ausgebreitet. Die Luft war etwas kühler geworden. Eine sanfte Brise wehte aus dem Westen, und auf die Stille, die mich kürzlich so geheimnisvoll erfüllt hatte, folgte nun ein normaler Zustand der Unruhe. Als der Mond höher stieg, lösten sich seine fantasievollen Schatten auf dem Boden auf und das ebene Plateau neben meinem Fenster war gleichmäßig mit klarem, hellem Licht bedeckt. Als ich noch einmal hinschaute und von der veränderten Lage der Dinge um mich herum völlig beeindruckt war, erkannte ich die Gestalt eines Mannes, nicht weit von meinem Fenster entfernt; und seltsamerweise war ich weder beunruhigt noch erschrocken über seine Anwesenheit. Sein Gesicht, von dem ich kaum mehr als das Profil sah, war nach oben gerichtet und blickte zum Mond, und sein Ausdruck war unverkennbar von Bewunderung und Staunen geprägt. Sein langes und offenbar gepflegtes Haar und sein Bart spiegelten im Licht darüber einen goldenen Schimmer wider. Seine Arme waren verschränkt und seine Form und Haltung machten auf mich einen majestätischen Eindruck.

Während ich meinen Blick aufmerksam auf diese seltsame Gestalt richtete, überkam mich ein Ausdruck von etwas Mangelhaftem an ihr, als ich plötzlich mit Überraschung feststellte, dass, obwohl ich im hellen und ungehinderten Licht des Mondes stand, kein Schatten um sie herum sichtbar war. Er blieb eine Zeit lang unbeweglich wie eine Statue und blickte auf unseren Satelliten wie jemand, der noch nie zuvor einen so wunderbaren Anblick gesehen hatte, und dann machte er mit der Miene eines Menschen, der sich auf unbekanntem Boden befand, einen forschenden Blick auf meine Kabine, und Dann richtete er seine vorsichtigen Schritte auf meine Tür.

KAPITEL II.

DIESE seltsame Gestalt betrat meine Kabine und setzte sich ohne Vorstellung oder Zeichen der Begrüßung in meinen Sessel, als wäre er ein Mitglied meines Haushalts, eine offensichtliche Unhöflichkeit, die im weiteren Verlauf erklärt wird. Ich hatte nun die erste Gelegenheit, mir einen guten Überblick über meinen Besucher zu verschaffen. Er war ein Mensch von überragender Schönheit. Sein Gesicht war von jener spirituellen Art, die auf der Leinwand mancher unserer Kunstmeister selten zu sehen ist, und es spiegelte eine Herzensgüte wider, die nur durch die reinste religiöse Vorstellungskraft verwirklicht werden kann. Seine Form war in der Entwicklung so hoch und aufwändig, dass ich eine Annäherung daran nur bei den besten Modellen gesehen habe. Seine einzigartige Anziehungskraft kann ich nur mit der Affinität vergleichen, die aus purer sexueller Liebe entsteht und den Betrachter mit einer Präsenz fesselt, die alle Gedanken außer sich vertreibt. Sein Teint hatte die rötliche Klarheit und Transparenz, die auf vollkommene Gesundheit schließen ließen. Das Haar auf seinem Kopf und Bart – beide lang und wellig über Schultern und Brust – hatte einen Farbton, der am besten als die Farbe der reifen Haselnuss beschrieben werden kann, mit der Feinheit und dem Glanz ungewebter Seide. Seine Hände waren zwar makellos sauber und fein geformt, trugen aber die unverkennbaren Zeichen manueller Arbeit; und doch hatte er das überlegene Auftreten und Benehmen eines Menschen, dessen Aufgabe es war, zu unterrichten. Als er vor mir saß , fühlte ich mich wie ein Kind in der Gegenwart eines geliebten und liebevollen Elternteils. Mein Eindruck von ihm war völlig richtig, da sein erstes Wort an mich eine zärtliche Bemerkung war.

„Mein Bruder", sagte er, „du hast eine wunderschöne Welt. Dein Mond ist großartig."

Für mich war das ein glücklicher Anfang. Hier war, dachte ich, ein Mann nach meinem Herzen, dessen Seele über den gewöhnlichen Dingen des Lebens stand. Ich konnte mit ihm Notizen austauschen, die mein Studium des Mars berührten. Die Vorsehung hatte mir dann endlich geschickt, was ich so sehr gewollt hatte: jemanden , der die Triumphe meiner Arbeit mit mir teilen und mit mir genießen konnte; Deshalb sagte ich sofort zu ihm: „Was den Mond betrifft, so ist er sicherlich als Nachtreflektor des Sonnenlichts sehr nützlich; aber da seine Größe vergleichsweise unbedeutend und seine Oberfläche trostlos und unbewohnt ist, ist er unter den Himmelskörpern ein Objekt von sehr geringer Bedeutung. Apropos großartige Planeten: Was halten Sie vom Mars?"

„Der Mars passt zu mir", sagte mein Besucher.

Da ich meine Frage für zu allgemein hielt, fragte ich: „Glauben Sie, dass der Mars bewohnt war?"

„Ich bin ein guter Beweis dafür", sagte er. „Ich habe diesen Planeten – mal sehen – zu deiner Zeit verlassen, vor etwa einer Stunde."

„Entweder habe ich dich missverstanden, oder du meinst es nicht ernst. Es ist unmöglich."

„Ah, mein Bruder", sagte er, „du bist in der Kenntnis der Eigenschaften der Intelligenz noch sehr wenig fortgeschritten. Ich bin hier durch einen Prozess, der Ihnen noch unbekannt ist und der in Ihrer Sprache am besten als Reflexion beschrieben werden kann. Ich bin durch Nachdenken hier. Das heißt, mein natürlicher Körper ist bei mir zu Hause, auf dem Planeten, den Sie Mars nennen. Sein spirituelles Gegenstück ist hier. Sie haben bereits eine Ahnung von dieser seltsamen Fähigkeit, Intelligenz zu übertragen, in einigen der Phänomene, auf denen Ihr spirituelles Glaubensbekenntnis basiert. Wir vom Planeten Mars erfreuen uns seit Jahrhunderten an dieser Entdeckung; Und während Sie von der Erde nur mit Ihren wissenschaftlichen Hilfsmitteln in der Lage sind, die Größe unseres Planeten zu messen, seine Entfernung zu berechnen, die Form und Ausdehnung seiner Umlaufbahn abzuschätzen und sich einigen vagen Vermutungen über seinen Zustand hinzugeben, haben wir dies getan eine genaue und interessante Untersuchung Ihrer sozialen Angelegenheiten, einschließlich natürlich Ihrer Moral, Politik und Religion. Sie haben uns nur als Planeten gemessen. Wir haben Sie als Volk beurteilt, und wie Sie sehen, beherrscht mindestens einer von uns Ihre Sprache. Außerdem ist unsere Entwicklung Ihrer über zehntausend Jahre voraus. Wir können Ihnen mehr über Ihre Geschichte erzählen, als Sie selbst wissen. In Ihrer Zeit, die Ihre Autoren als Steinzeit bezeichnen, hatten wir Elektrizität in einen Motor und ein Leuchtmittel umgewandelt. Ich kenne deine Gedanken. Sie sind überrascht über das, was ich gesagt habe, und möchten, dass ich Ihnen etwas über den Planeten erzähle, auf dem ich lebe.

„Es wird Sie interessieren zu erfahren, dass in den äquatorialen Regionen des Mars die höchste Zivilisation und dichteste Besiedlung zu finden ist. Eure heiße Zone und der entsprechende Teil unseres Planeten unterscheiden sich stark. Bei uns ist das Klima angenehm und gleichmäßig gemäßigt. Wie Sie wissen, ist unsere Fläche sehr viel kleiner als Ihre, aber die gleichbleibende Qualität unseres Ackerlandes und die im Vergleich zu Ihrer kleineren Wasserfläche beherbergen eine Bevölkerung, deren Zahl Sie in Erstaunen versetzen würde. Sie können sich auch von den vielen Vermutungen befreien, die jedem Planeten eine ihm eigene Eigenschaft von Materie und Intelligenz zuschreiben. Das gesamte Universum ist eine Einheit, wie Ihnen Ihr Spektroskop und die Körper aus dem Weltraum, die von Zeit zu Zeit auf Ihre Oberfläche fallen, vermutet haben müssen. Veränderliche Dichte- und

Temperaturzustände verändern die Formen und Organe des tierischen und pflanzlichen Lebens, aber die Materie ist überall gleich.

„Ihre Chemiker sind gerade an dem Wissensstand angelangt, an dem wir vor vierzig Jahrhunderten standen. Die Ihren erkennen über sechzig Formen der Materie als einfach und elementar an, während die unseren sie alle auf eine reduziert haben – die Einheit, aus der die gesamte Schöpfung besteht. Daraus können Sie schließen, dass unsere Entdeckung der zusammengesetzten Natur der Metalle es uns ermöglicht, sie nach Belieben herzustellen. Dies war für uns eine äußerst glückliche und aktuelle Erkenntnis, da sie auf unserem Planeten nur sehr spärlich verbreitet sind. Es wird zweifellos seltsam sein, Ihnen zu sagen, dass wir Gold zu geringeren Kosten herstellen als Eisen und dass es daher das billigste verwendete Metall ist. Sie werden mich gleich fragen, ob wir Diamanten herstellen. Wir stellen sie seit Jahrhunderten her. Unsere Fabriken produzieren sie in großen Mengen für dekorative Teile von Gebäuden, für die sie sich aufgrund ihrer Brillanz und Unzerstörbarkeit hervorragend eignen."

Mein seltsamer Besucher ruhte sich hier ein wenig aus, offenbar mit der Absicht, meine Gedanken zu lesen und meine Überraschung zu genießen. Während ich mich fragte, welche großartigen Dinge die chemische Wissenschaft auf andere Weise geleistet haben musste, schien er meine Frage vorwegzunehmen.

„Mein Bruder", sagte er, „wir haben der Wissenschaft der Chemie mehr zu verdanken, als ich ohne weiteres aufzählen kann." Bei uns wie bei Ihnen unterscheidet sich eine große Anzahl allgemeiner und reichlich vorhandener Stoffe in ihrer chemischen Zusammensetzung nur geringfügig von anderen, die für den Lebenszweck sehr gefragt sind. Die Wissenschaft der Chemie ermöglicht es uns, das eine nach Belieben in das andere umzuwandeln. So stellen wir aus Holz Zucker, Stärke und viele andere nützliche Rohstoffe her. Durch die doppelte Zersetzung von Luft und Wasser erzeugen wir eine Wärme, die aus wirtschaftlicher Sicht und einfacher Regulierung besser ist als alles, was das Universum bietet. Die ungeschickte, unsaubere und unbequeme Verwendung von Holz und Kohle als Brennstoff gehört bei uns der Vergangenheit an.

„Aber die Chemie hat uns einen unermesslich größeren Dienst erwiesen. Es hat es uns ermöglicht, uns durch den Prozess der Synthese mit Nahrungsmitteln zu versorgen, auf die wir im Extremfall von Ernteknappheit oder -ausfällen zurückgreifen können, um eine Hungersnot abzuwenden. Auf dem derzeitigen Stand Ihres chemischen Wissens sind Sie sich darüber im Klaren, dass alle Lebensmittel aus vier einfachen Zutaten bestehen: Kohlenstoff, Sauerstoff, Wasserstoff und Stickstoff, die in der Atmosphäre und ihrer natürlichen Mischung reichlich vorhanden sind. Diese sind zusammen mit zwei oder drei erdigen Stoffen aus dem Boden die Bestandteile aller Lebensmittel. Wir verhindern die langsame Assimilation dieser Stoffe durch die Organe von Tieren und Pflanzen und sind durch unsere chemischen Fähigkeiten in der Lage, sie im richtigen Verhältnis zu kombinieren, um die nächsten Elemente aller Arten von Nahrungsmitteln zu bilden, denen es an nichts außer dem Geschmack und Aroma des Natürlichen mangelt zur Verfügung gestellt werden und daher nur verwendet werden, wenn eine Notwendigkeit besteht.

„Unser Fortschritt in der synthetischen Chemie hat es uns ermöglicht, die Produkte der Natur in vielen ihrer organischen Formen nachzuahmen. Neben den Stickstoffverbindungen, die wir als Lebenserhalter herstellen, produzieren wir viele Stoffe, die denen entsprechen, die Sie ausschließlich aus tierischem und pflanzlichem Leben erhalten. Wir erhalten auf diese Weise Ersatzstoffe für Leder, Horn, Elfenbein, aber auch Fette und Öle, Eiweiß, Gluten, Stärke usw. usw.; Die meisten davon sind für industrielle und kulinarische Zwecke besser und in bequemeren Formen erhältlich, als die Natur sie liefert. Unsere Textilstoffe werden vollständig aus pflanzlichem Wachstum gewonnen und wir verleihen ihnen eine Eigenschaft der langsamen oder schnellen Wärmeleitung, je nach Verwendungszweck im Sommer oder Winter.

„Sie können aus dem, was ich gesagt habe, mit Sicherheit schließen, dass wir keine Tiere für Nahrung oder Kleidung schlachten. Solch demoralisierende Grausamkeit haben wir noch nie praktiziert. Die wilden Tiere und Raubvögel haben wir nie gekannt, und wir haben keine ausgedehnten Einöden, in denen sie leben und gedeihen könnten. Unsere Tiere, deren Vielfalt im Vergleich zu Ihren begrenzt ist, sind alle domestiziert, und wir behandeln sie so freundlich, dass sie, anstatt uns zu meiden, unsere Gesellschaft umwerben. Wir haben ein sauberes und schönes Geschöpf, viel kleiner als Ihre Kuh, das uns Milch gibt. Es ist bemerkenswert intelligent und wird oft in unsere Haushalte aufgenommen, um unsere Säuglinge zu stillen, die sie sehr mögen. Unsere Stadtparks sind mit diesen Tieren ausgestattet und es ist ein alltäglicher Anblick, sie mit Kindern herumtollen zu sehen und sich still ihrer Nahrung hinzugeben.

„Es ist Teil unserer Religion zu glauben, dass jedes Lebewesen, wenn auch entfernt, mit uns selbst verwandt ist, und insbesondere denen von ihnen, die in unseren Dienst gestellt werden, schulden wir nicht nur die Verpflichtung zur Freundlichkeit, sondern auch die Fürsorge und Aufmerksamkeit." bei Krankheit und Alter. Für sie haben wir daher Ruheplätze eingerichtet. Die freundlichen Beziehungen, die seit Jahrhunderten zwischen uns und allen Tierarten bestehen, haben ihr Verhalten uns gegenüber auf eine Weise verändert, die für Sie auffallend wäre und Sie glauben lassen würde, dass sie mehr Intelligenz besitzen, als Sie ihnen zugetraut haben. Sie kommen in ihren

Nöten zu uns und lassen sich auf menschlichste Weise in ihren Krankenhäusern medizinisch behandeln. Es würde Sie interessieren, die freundschaftliche Vertrautheit zwischen uns und unseren Vögeln zu bemerken, die Ihren Vögeln in der Brillanz ihres Gefieders und Gesangs weit voraus sind. Sie gibt es in unseren Stadtparks in Hülle und Fülle, und man braucht nur das Fenster zu öffnen und zu pfeifen, und schon kommen sie in die Wohnung geflogen und spielen ein Gesangskonzert, während sie auf den Möbeln herumsitzen, als glückliches Privileg. Bei jeder anderen Gelegenheit, wenn jemand still und allein ist , wissen wir, was das bedeutet, und er wird liebevoll in die Vogelklinik getragen."

„Sie haben", wagte ich zu fragen, „Eisenbahnen und Boote für den Transport?"

„Wir haben keines", antwortete mein Besucher, „und wir benötigen sie auch nicht, aus Gründen, die leicht zu erklären sind." Es gibt zwei Bedingungen auf unserem Planeten, die die Navigation in der Luft völlig sicher und erfolgreich machen. Sie sind auf die größere Dichte unserer Atmosphäre und die geringere Schwerkraft im Vergleich zu Ihrer zurückzuführen. Unsere Luftschiffe, wie Sie sie nennen würden, sind dank Vakuumkammern und Elektromotoren problemlos für die Aufnahme und den Transport großer Ladungen geeignet. Unsere Erfinder haben die Schwierigkeiten widriger Windströmungen längst überwunden, und man kann beobachten, wie sich diese sowohl für den öffentlichen als auch für den privaten Gebrauch genutzten Schiffe ständig in alle Richtungen und in allen Höhen bewegen, wobei es nur wenige schwere Unfälle gibt.

„Auf dem Mars gibt es keine großen Ozeane wie Ihres, und unsere Flüsse sind so klein, dass sie nicht dem Handel dienen. Sie werden also erkennen, dass uns unsere Möglichkeiten zur Navigation in der Luft als Transportmittel statt der bequemen Wasserwege, die Sie genießen, verliehen wurden. Wie Sie sich vorstellen können, gibt es aufgrund der geringen Größe unserer Flüsse keine ausgedehnten bergigen Wasserflächen auf unserer Oberfläche. Anstelle Ihrer riesigen, trostlosen und sturmgepeitschten Meere haben wir eine Reihe von Seen, die überall unterschiedlich groß sind, aber keiner von ihnen ist größer als fünfundsiebzig Ihrer Meilen lang und vierzig breit .

„Da die relative Dichte zwischen Wasser und einem Tierkörper auf unserem Planeten so groß ist, dass die Möglichkeit eines versehentlichen Ertrinkens ausgeschlossen ist, ist die Angst und das Entsetzen, die bei Ihnen vor einem unfreiwilligen Eintauchen in die Tiefe bestehen, völlig unbekannt. Unsere zahlreichen Seen sind daher Schauplätze der vergnüglichsten und, wenn Sie möchten, rücksichtslosen Zerstreuung. Das Umkippen eines Bootes mit seiner Ladung Ausflügler, egal wo , führt zu einem harmlosen Spaß. Der menschliche Körper sinkt dort nur wenig über seine Mitte ins Wasser, und wir haben uns durch netzartige Befestigungen an Händen und Füßen ein Fortbewegungsmittel ausgedacht, das so schnell ist, dass es unserer schnellsten Fortbewegung an Land fast gleichkommt. In unseren langen Sommern, wenn die Wassertemperatur angenehm ist, gehören Seefahrten, insbesondere bei jungen Menschen, zu den beliebtesten Vergnügungen. Dieser für Sie merkwürdige Zustand der Dichte führt zu einem Zustand, der etwas Humorvolles an sich hat, obwohl er zu viel häuslicher Verwirrung und Verärgerung führt. Unsere Kinder gehen in der Sommersaison genauso selbstverständlich ans Wasser wie Ihre Wasservögel, und der Verlust von Nachkommen auf den Seen in diesem zarten Alter, das ihnen das Wissen über die Rückkehrrichtung ausschließt, ist die Quelle einer immensen Menge an Unruhen bei den Eltern Sorge. Das Umherirren von Kindern auf dem Wasser birgt jedoch nur geringe Gefahren; Denn sollten sie nachts möglicherweise unentdeckt bleiben, können sie aufgrund des Auftriebs ihres Körpers ruhig und angenehm auf dem Rücken schlafen und sich auf den Kissen des Wassers ausruhen, bis sie gerettet werden, da sie mit Sicherheit auf dem Rücken liegen nächsten Tag von einem der zahlreichen Luftschiffe, die ständig über die Oberfläche gleiten.

„Unser Land ist im Allgemeinen wellig, und in den Kanälen, die diese kleinen Gewässer verbinden, gibt es eine ständige Wasserbewegung, nicht in einer einheitlichen Richtung zum Meer hin, wie bei Ihnen, sondern in alle Richtungen, wodurch wir Kraft für die Mechanik sparen Zwecke, als die man sich nichts Besseres vorstellen kann.

„Unsere Städte liegen, wie Sie sich vorstellen können, nicht an der gleichen Lage wie Ihre; Da jedoch ein Ort als Verteilungspunkt genauso gut geeignet ist wie der andere, bestand die Regel darin, sie dort zu errichten, wo günstige Bedingungen herrschen, wobei vor allem die Gesundheit, der Komfort und das Vergnügen ihrer Bewohner berücksichtigt wurden. Es würde uns Unrecht tun, wenn wir glauben würden, dass wir trotz unserer langen Entwicklungs- und Fortschrittsperiode bei den sanitären und arbeitssparenden Geräten um uns herum, insbesondere in unseren Großstadtbezirken, nicht etwas erreicht haben, das Ihnen weit voraus ist. Erstens verwenden wir beim Bau unserer Gebäude überhaupt kein Holz, da wir schon vor langer Zeit entdeckt haben, dass es bei seinem langsamen Verfall dazu neigt, Krankheitserreger und Unreinheitskeime aufzunehmen und festzuhalten. Auch die Haltbarkeit ist nicht zufriedenstellend; und seine leichte Entflammbarkeit und mangelnde Festigkeit machen es für unsere Zwecke ungeeignet. Wir verwenden stattdessen eine Ihnen unbekannte Metalllegierung, die hochglanzpoliert werden kann, so rostfrei wie Gold ist und die Eigenschaft der Durchdringbarkeit aufweist, die eine Befestigung mit Nägeln und eine Formgebung mit Werkzeugen ermöglicht, und zwar mit noch größerer Genauigkeit als bei der Arbeit mit Holz .

„Unsere Städte sind einheitlich gebaut. Ihr Wachstum erfolgt stets von der Mitte nach außen. Ihr Standort ist kein Zufall, wie es bei Ihnen im Allgemeinen der Fall ist. Kein Standort wird ohne die gründliche Prüfung und Genehmigung einer Sanitärkommission ausgewählt, deren Wissen und Aufrichtigkeit wir respektieren. Ihre Grundlage bildet die Anlage einer großen kreisförmigen Einfriedung für alle öffentlichen Gebäude, in deren Mitte sich unser Tempel der Anbetung befindet, der in seiner imposanten Erhabenheit und künstlerischen Ausführung prächtiger als alle anderen ist. Von diesem Zentrum aus gehen strahlenförmig eine Reihe breiter und gleichmäßiger Durchgangsstraßen aus, die in regelmäßigen Abständen von kreisförmigen Durchgangsstraßen gekreuzt werden, die im Zentrum beginnen und sich bis zum Umfang als Reihe konzentrischer Ringe wiederholen."

Der Mann vom Mars verstummte für einen Moment und ich bemerkte, dass sein Gesicht zum ersten Mal ein wenig getrübt war. Er hatte von einem Tempel der Anbetung gesprochen, und in mir war der Wunsch geweckt, etwas über die Gesellschaft und Moral seines Volkes zu erfahren und darüber, wie es sich mit uns vergleicht; Deshalb sagte ich zu ihm: „Ich bin Ihnen dankbar für Ihre Freundlichkeit, einige der materiellen Umgebungen Ihres Volkes zu beschreiben, aber ich würde sehr gerne etwas über Ihr Innenleben, Ihre Gedanken und Überzeugungen und deren Auswirkungen erfahren." Ihr sozialer Status."

„Mein Bruder", sagte er, „du möchtest, dass ich einen Vergleich zwischen unserer und deiner Gesellschaft anstelle. Ich kann das kaum tun, ohne das Risiko einzugehen, Ihnen Schmerzen zu bereiten. Mit unserem größeren Fortschritt blicken wir auf Sie als Reisende zurück, die dieselben holprigen Pfade beschritten haben. Ihre Reise ist noch schwieriger als unsere. In Ihrem gegenwärtigen Zustand erscheinen Sie uns als eine Welt voller Zwietracht, Verwirrung und Streit. Während wir uns schon vor langer Zeit in ein einziges, homogenes Volk aufgelöst haben, sind Sie immer noch in Nationen und Länder gespalten, noch unbeeindruckt vom barbarischen Stolz des Kampfes. Wir haben nur eine Religion. Ihre sind zahlreich und feindselig. Ich werde für Sie kurz den von Ihnen gewünschten Vergleich anstellen, in der Hoffnung, dass er Ihnen kein Schmerzgefühl bereitet, denn um die Wahrheit zu sagen, werden die Grausamkeit, der intensive individuelle Egoismus und der seltsame Aberglaube der Bewohner der Erde vorübergehen weg aus den kommenden Zeitaltern."

KAPITEL III.

„ Ihre Gesellschaft mit unserer zu vergleichen", begann mein himmlischer Besucher, „ist, als würde man den Unterschied zwischen Ihrem gegenwärtigen geistigen Zustand und dem Zustand beschreiben, in dem Sie sich während Ihrer Zeit als Höhlenbewohner befanden. Wenn wir Ihre Fortschritte betrachten, erkennen wir zwei Hauptkräfte am Werk, die uns regeneriert haben, nämlich: das stetige Wachstum der menschlichen Sympathie und das Verschwinden alter Aberglauben. In unserer fortgeschrittenen Entwicklung haben wir mit der ersten davon einen Stand der Dinge in unserer Gesellschaft erreicht, der Ihre Erwartungen wahrscheinlich übersteigt. Zum Beispiel das Gefühl der Achtung und Verbundenheit zueinander, das man bei euch selten findet, außer inmitten familiärer Bindungen, das wir unter allen füreinander empfinden. Wenn ich aus Ihrer Mitte einen häuslichen Kreis auswählen würde, den raffiniertesten und korrektesten, so würden seine Unruhe und Besorgnis über die Sorgen und das Unglück eines seiner Mitglieder kaum das Gefühl widerspiegeln, das in einer Körperschaft unseres Volkes für das Unglück eines anderen herrscht. Wir sind schockiert über Ihre grausame Gleichgültigkeit gegenüber den Gefühlen des anderen. Wenn wir sehen, wie einer von euch aufgrund eines der Übel, die er von Natur aus ererbt, auf der Strecke bleibt; oder vielleicht überwältigt von den Strafen eines Missgeschicks und und von seinen Mitmenschen ungeachtet seines unglücklichen Zustands angesehen, können wir unter uns keine Parallele dazu finden, außer in den Traditionen, die uns aus unseren fernen Zeiten überliefert sind.

„Ihre nationalen Gegensätze, Ihre grausamen Kriege und die immensen Summen, die Sie für den Unterhalt von Millionen Ihres Volkes verschwendet haben, die nur zu dem Zweck ausgebildet wurden, ihre Landsleute abzuschlachten, betrachten wir als das schändlichste Relikt Ihres früheren äußerst barbarischen Staates. Während im Zuge der gesellschaftlichen Entwicklung all eure grausamsten Brutalitäten im Wirkungsbereich eurer höheren Zivilisation verschwunden sind, wird die verbleibende, nämlich Massen eures Volkes in tödliche Kämpfe zur Lösung politischer und religiöser Fragen zu schicken, aus Gründen beibehalten die nicht ganz mit unserem Rechtsempfinden übereinstimmen. Erstens spielt bei der Schlichtung einer Frage, deren Lösung ausschließlich auf der körperlichen Stärke der Streitparteien beruht, kein Element der Gerechtigkeit eine Rolle; und alle internationalen Regelungen auf diesem Wege sind nur vorübergehend, wenn die siegreiche Partei nicht zufällig ein vorherrschendes Gerechtigkeitsgefühl zu ihren Gunsten hat. Alle eure Kriege und Schlachten, ohne Ergebnis auf der Seite der Gerechtigkeit und Wahrheit, wurden vergeblich geführt. Ihre blutigen Fehleinschätzungen eines Jahrhunderts werden oft und werden in einem darauffolgenden Jahrhundert erneut überprüft und demselben blutigen und trügerischen Schiedsgericht unterworfen. Bei diesen brutalen Begegnungen befleckst du deine Hände und Kleidungsstücke ohne Reue mit dem Blut deiner Mitmenschen, denn die wilden Instinkte deiner Natur wurden in dieser bestimmten Richtung nie unterdrückt. Diejenigen von Ihnen, die sowohl bürgerliche als auch religiöse Autoritäten innehaben, müssen sich dafür verantworten. Um den egoistischen Plänen eurer Herrscher zuzustimmen, haben sie eine Reihe glänzender Belohnungen für die geschicktesten ihrer Massenmörder eingeführt, und ihr seid auf diese Weise dazu erzogen worden, die meisten zu ehren, diejenigen, die die schwersten Schläge austeilen konnten.

„Wir können einen Überblick über die Beweggründe, die fast alle diese blutigen und schrecklichen Begegnungen zwischen Ihnen ausgelöst haben, nicht ohne ein Gefühl des Entsetzens gewinnen. Ihre Zivilisation hat nur einen einzigen dieser schrecklichen Konflikte erlebt, bei dem es um eine rein menschliche Frage ging. Ihre Religionen wurden nicht nur dazu benutzt, dieses schreckliche Blutbad zu sanktionieren, sondern waren sogar selbst an der Abschlachtung von Millionen Ihres Volkes beteiligt. Sie sind noch nicht von der Grausamkeit Ihrer entfernten Väter befreit, die sich vor langer Zeit mit starkem persönlichem Interesse am Ausgang dieser erbitterten Kämpfe zwischen Stämmen beteiligten. Der Verlust oder Gewinn einer Schlacht bedeutete für sie entweder einen Anteil an der Beute oder wahrscheinlich Folter und Tod. Dennoch haben Sie diese Neigung zum kollektiven Kampf lebendig gehalten, wenn individueller Verlust oder Gewinn den Anreiz, der Sie zum Kampf treibt, selten beeinträchtigt. Und selbst jenseits dieser physischen Begegnungen scheinen Ihre Lebenskämpfe aus unserer Sicht zwischen Verteidigung und Angriff aufgeteilt zu sein, wie die Raubtiere, die immer noch an Ihren Grenzen lauern.

„Ihre Gesellschaft präsentiert uns das Spektakel eines andauernden Scharmützels unter Ihnen, während Ihre gesamte Masse darum kämpft, den Gipfel ihrer individuellen Hoffnungen und Ambitionen zu erklimmen, und sich gegenseitig mit grausamer Gleichgültigkeit verletzt und verletzt. Unsere Erfahrung hat uns gelehrt, dass dieser unglückliche soziale Zustand ausschließlich auf das grobe und unvollkommene Stadium Ihrer Entwicklung zurückzuführen ist. Jede Ihrer neuen Epochen bringt einen Ansatz für ein besseres Leben auf der Erde; Aber Sie haben das Haupthindernis, das Ihrem Fortschritt in dieser Richtung im Wege steht, weder angemessen bedacht noch versucht, es zu überwinden. Ihr habt noch nicht gelernt, gerecht miteinander umzugehen. Durch Ihr System ungleicher Vorteile ist es einer Klasse erlaubt und wird sogar dazu ermutigt, eine andere auszunutzen. Einer oder mehrere von Ihnen werden sich auf einen Plan zur persönlichen Bereicherung einlassen, ohne sich auch nur die geringste Sorge um die

Auswirkungen auf andere zu machen. Sie haben von Zeit zu Zeit die Verabschiedung von Gesetzen zugelassen, die eine direkte und unverkennbare Tendenz haben, Ihr Vermögen in die Hände einiger weniger zu werfen und als Konsequenz die Nöte vieler zu vergrößern. Ihre Generation jubelt über alle vorangegangenen Generationen hinsichtlich ihres Fortschritts in Wissenschaft und Wissen; Aber selbst das hat nicht dazu beigetragen, die Unebenheiten eures Lebens zu mildern oder zu beseitigen, denn das meiste verfügbare Material dieses neuen Fortschritts wurde prostituiert, um den Interessen einiger weniger zu dienen.

„Das Wachstum Ihres sozialen Aufstiegs hängt fast ausschließlich von der Gesamtheit Ihres disziplinierten Denkens ab, doch Ihren Methoden nach ist richtiges Denken bei Ihnen das Seltenste. Ihr soziales Feld wird nicht gleichmäßig gerührt und gesät, sondern punktuell und fleckenweise kultiviert. Sogar Ihr Wissen wurde in eine Waffe der Tyrannei und Unterdrückung umgewandelt, und es wird oft eher aus Selbstliebe als zum Wohle der Güte betrieben. Aus der Hilflosigkeit Ihrer vernachlässigten und benachteiligten Massen entsteht die größere Zahl Ihrer individuellen Vermögensanhäufungen.

„In unserem Stadium des Fortschritts ist ein solcher Zustand unmöglich. Die Begehung einer Handlung, die einem oder mehreren Mitmenschen in unserer Gesellschaft Schaden oder sogar Unbehagen zufügt, zieht ihre Strafe in der allgemeinen Verurteilung und Schande nach sich, die darauf folgt. Aktives Wohlwollen, das bei Ihnen ein sporadischer und außergewöhnlicher Impuls ist, ist bei uns ein allgegenwärtiges Gefühl, und darauf haben wir die größten Freuden des Lebens gegründet. Wir haben keine eleemosynären Einrichtungen, weil sie nicht benötigt werden. Unter uns kann es kein Leiden unter Not geben, da jeder Mensch in seiner eigenen Umgebung die bereitstehende, helfende Hand findet. Kein vernachlässigtes Waisenkind wandert ohne Fürsorge umher, denn die Freuden jeder Familie werden durch die Möglichkeit, Obdach zu gewähren, noch größer. Jede Wohnung steht allen offen und es bedarf keiner beruhigenden Begrüßung, um den Besucher willkommen zu heißen. Er betritt das Haus des Fremden, so wie der Fremde das seine betreten würde, durch das Recht der universalen Bruderschaft, die vorherrscht.

„Die Liebe unserer Art bildet den Grundstein unserer einzigen Religion, so wie sie das Fundament bildet, auf dem Ihre vielen Glaubensbekenntnisse aufgebaut sind. Aber während Ihre religiösen Lehren keine großen Früchte gebracht haben, haben unsere Lehren eine Ernte herrlicher Folgen gebracht. Wenn es Sie interessiert, werde ich Ihnen sagen, warum.“

KAPITEL IV.

Zu Beginn und in den ersten Stadien ihrer Zivilisation waren die Menschen auf der Erde von Naturkräften umgeben, die aufgrund ihrer geringen Kenntnis der Gesetze des Universums den willkürlichen und vorsätzlichen Launen eines großen Verborgenen zugeschrieben wurden Sein. Sie fanden eine geheimnisvolle Kraft über sich und überall einen überwältigenden Beweis für Design . Der undenkbare und unbekannte Charakter des Unendlichen und Ewigen wurde damals nicht anerkannt; und das Versäumnis von irgendjemandem, diese unsichtbare Intelligenz und Macht zu erklären, regte ihre Fantasie dazu an, für sie zu tun, was die genaueste Untersuchung nicht zu bewerkstelligen vermochte. Wie zu erwarten war, bekleideten sie ihre imaginäre Gottheit mit den Eigenschaften, Neigungen und Leidenschaften ihrer selbst. Jede heftige Erschütterung der Natur wurde von ihnen als sicheres Zeichen seines Zorns angesehen; während der normale Ruhezustand und die ungestörten Prozesse der Entwicklung und des Wachstums von Tieren und Pflanzen als Zugeständnisse zu ihren besonderen Gunsten angesehen wurden. Aus dem Glauben an die Aufsicht der Gottheit über jeden einzelnen der unzähligen Prozesse der Natur nahmen sie natürlich die Vorstellung auf, dass jeder von ihnen Gegenstand seiner persönlichen Wachsamkeit und Aufmerksamkeit sei und dass infolgedessen alle Geschicke und Wechselfälle ihres Lebens Gegenstand seiner persönlichen Wachsamkeit und Aufmerksamkeit seien Das Leben hing von seinen Stimmungen ab. Man kann sehr wohl annehmen, dass der Hauptzweck des Lebens bei dieser Vorstellung von der Gottheit darin bestünde, Gunst bei Ihm zu finden, seine Wünsche zu entdecken und seine Befehle zu lernen; denn gemäß dieser einfachen und groben Idee hingen der Erfolg und das Wohlergehen eines jeden von seiner Versöhnung ab. Mit diesen Ansichten über die Natur und das Universum stellten sie rechtzeitig fest, dass in ihnen Gefühle und Empfindungen existierten, die völlig unabhängig von den gewöhnlichen epikureischen Impulsen waren, die sie beherrschten. Wir können uns vorstellen, dass in jenen grausamen Zeiten der Krieger mit erhobener Keule über seinem am Boden liegenden Opfer stand, aus Mitleid dabei blieb, es zu töten, und anschließend aufgrund seines Mitgefühls ein Vergnügen genoss, das für ihn ebenso seltsam und unerklärlich war als sein erster Anblick eines Kometen. Es gab keinerlei erkennbares Motiv für seine humane Tat. Im Gegenteil, es hatte ihn der Beute beraubt und die Ehre seines Sieges gemindert. Und so wurden alle Neigungen zur Tugend, die keine materiellen und unmittelbaren Belohnungen brachten, als geheimnisvoll und unerklärlich angesehen wie die große verborgene Macht und nach einer sehr natürlichen Folge von Überlegungen als Teil davon.

Mit dem Fortschreiten Ihrer Zivilisation konnte man beobachten, dass die Tugenden, und insbesondere diejenigen, die einen direkten Einfluss auf das materielle Wohlergehen hatten, wuchsen und sich vergrößerten. Der Weg zur Ehre führte nicht mehr ausschließlich über Blutbad und Sieg, und der Besitz und die Kultivierung bestimmter Tugenden brachten Rücksicht und Respekt. In dieser kritischen Phase Ihres Fortschritts wurde Ihnen ein Übel zugefügt, das größer war als alles, was Ihr Volk je erlebt hat. Ihr habt euch nicht damit zufrieden gegeben, die Gottheit, wie wir es tun, aus der Ferne zu betrachten und die Impulse der Tugend als Teil eures Selbst zu akzeptieren, die für den weisen Zweck einer kontinuierlichen Selbstentwicklung hin zu einem besseren irdischen Leben eingesetzt wurden; Doch stattdessen hast du dich in deinem unvernünftigen Verlangen, mit dem höchsten Autor zu kommunizieren, den Tücken der Seher ergeben und bist der willige Betrüger ihrer Wahnvorstellungen geworden.

Es gibt nichts Unglücklicheres, über Sie zu berichten, als die Folgen dieses schwerwiegenden Fehlers. Ihr angenommener Besitz der Befehle und Wünsche der Gottheit in Form einer Offenbarung hat sich für Sie eher als Unglück als als Segen erwiesen. Erstens hat es Ihre Vorstellung von der Gottheit unter unsere herabgesetzt. Es hat Ihre Religion in einen Wettbewerb verwandelt. Es hat die Gründung bestimmter kirchlicher Körperschaften unter euch ermöglicht, die zwar die volle Kontrolle über die Moral eures Volkes übernehmen, in ihrem Inneren jedoch von allen Lastern befallen sind, die aus Grausamkeit, Gier und Machtgier entstehen. Darüber hinaus haben Ihre formulierten Bedingungen für Strafen und Belohnungen die Religion von der Kultivierung der Tugend für sich selbst und des unmittelbaren Nutzens, den sie mit sich bringt, zu einem selbstsüchtigen Kampf degradiert, bei dem jeder darum kämpft, seinen Weg in die Mitte der himmlischen Freuden zu finden.

Es ist leicht zu verstehen, warum Ihre Religion mit all ihren Grobheiten und ihrem Aberglauben einen so festen Einfluss auf Ihre Gesellschaft hat. Sie sind so beschaffen wie wir und verfügen über die gleichen inhärenten Elemente des Fortschritts. Die stetige Steigerung Ihrer Affinität zu den Tugenden und denen, die sie praktizieren, ist ein herausragendes Merkmal Ihrer Karriere, und da sie alle auf die eine oder andere Weise zu der Vereinigung von Interessen führen, die den perfekten sozialen Zustand ausmacht, sind Sie es auch dabei getrieben von einem natürlichen und von der Vorsehung bestimmten Wunsch, sie aufzubauen. Tatsächlich haben Ihre religiösen Glaubensbekenntnisse Sie, da in Ihrem Wesen eine inhärente Liebe zum Guten verankert ist, zu ihnen hingezogen und Sie in Fesseln gehalten, unter der falschen Theorie, dass das Gute in Ihnen nur ein Beitrag sei aus ihren exklusiven und reichhaltigen Bezugsquellen.

Es war Ihr Unglück, während Ihres gesamten Fortschritts von den klugen Plänen Ihrer Seher und Propheten gefangen gehalten zu werden, die es bis vor Kurzem nicht versäumt haben, Sie gelegentlich mit einem Wechsel übernatürlichen Reichtums zu versorgen, um den neuen Bedürfnissen einer stetig fortschreitenden Entwicklung gerecht zu werden.

Als Sie auf einer bestimmten Stufe Ihrer Zivilisation, vor etwa zweitausend Jahren, unter den Wenigen einen Punkt intellektueller Kultur erreicht hatten, dessen Früchte sich bis heute in einigen der großartigsten aufgezeichneten Errungenschaften des menschlichen Denkens widerspiegeln , und während die Massen ihrem freien Weg inmitten des leeren Aberglaubens überlassen blieben, der der wachsenden menschlichen Sympathie nichts schenkte, erschien unter euch ein Seher, der eher als Anregung denn als unmittelbarer Erfolg diente. Nachdem seit seinem Tod genügend Zeit verstrichen war, um der Romantik freien Lauf zu lassen, haben eure Seher aus seiner Erinnerung ein Bild all der Tugenden erstellt, die in euren Herzen gewachsen waren und so vollständig an das neue Zeitalter angepasst waren, dass alle die aufgestauten Kräfte menschlichen Mitgefühls in seinem Wirkungsbereich und Einfluss ergaben sich ihm. Aber was für Sie im neuen Aufschwung zu einer besseren und umfassenderen Menschheit ein Triumph und ein Segen gewesen sein könnte, hielt leider die subtile Maschinerie Ihrer Seher und Propheten in sich verborgen und wurde von ihren bösen Blicken bewacht, so dass mit diesem gewaltigen Statt Sie voranzubringen, haben sie Ihre Zivilisation seit mehr als tausend Jahren auf sich selbst zurückgeführt. Keine historische Tatsache lässt sich besser beweisen als diese. Keine wurde beharrlicher und genialer geleugnet, und keine natürliche Folge folgte jemals direkter einer bewegenden Ursache. Von einer freien und unabhängigen Ausübung der intellektuellen Aktivitäten in Richtung Wissenschaft, Kunst, Philosophie und allem Wissen, das Sie selbst, die Erde, auf der Sie leben, und das Universum, soweit Ihre Vision reicht, betrifft, den gesamten Strom Ihrer Die neuen Lehren lenkten die Gedanken auf ein Paradies, im Vergleich zu dem alle Dinge der Erde Kleinigkeiten waren. Als Sie durch die Faszination dieser Verheißungen und die unermüdlichen Bemühungen einer interessierten Gruppe von Geistlichen zu einem allgemeinen Glauben an diese Lehren gebracht wurden, verfielen Sie in eine intellektuelle Erstarrung, aus der Sie nur durch den Protest Ihrer Vernunft herauskamen, der noch nicht vollständig war unterdrückt.

Sie können die völlig entmenschlichende Tendenz der Einflüsse, die Sie so viele Jahrhunderte lang umgeben haben, nicht übersehen. Die gemeinsamen Ziele und Zwecke eures Lebens wurden von dem einzigen, fesselnden Wunsch, den Himmel zu erreichen, überdeckt; und während Ihre Fantasie von diesem Bild mitgerissen wurde, wurden Sie ohne Zögern dazu gebracht,

Ihre Füße auf den Nacken jedes irdischen Unternehmens zu setzen, das ihm im Weg zu stehen schien.

Seit Beginn eurer Geschichte habt ihr ein Objekt der Anbetung nach dem anderen angenommen, jedes davon eine ideale Verkörperung der Güte, die ein untrennbarer Teil von euch selbst war und die euch mit dem weisen Ziel gegeben wurde, eure Gesellschaft zu ermöglichen und zu vervollkommnen Es; So wie Ihnen der elterliche Instinkt verliehen wurde, um Ihre Kinder zu beschützen. Alle diese Gegenstände der Anbetung haben Ihren intellektuellen Zustand perfekt widergespiegelt und wurden einer nach dem anderen verworfen, da sie ihren Zweck überlebten; bis ihr gerade erst anfängt zu begreifen, dass ihr euch all diese Jahrhunderte lang praktisch selbst angebetet habt. Ihr gegenwärtiges Ideal wird mit der Zeit das Schicksal derjenigen teilen, die ihm vorausgegangen sind, und da kein vorherrschender Aberglaube vorhanden ist, können Ihre Seher glücklicherweise keinen neuen für Sie aufbauen. Ihre lange Zeit, die Sie der Suche nach Phantomen gewidmet haben, vergeht schnell und Ihr neues Zeitalter des Rationalismus rückt näher. Sie haben keine klare Vorstellung von den Übeln, die es beseitigen wird, und von den Herrlichkeiten, die es für Sie bereithält.

Der Unterschied zwischen Ihrer gegenwärtigen und Ihrer zukünftigen Religion lässt sich leicht umreißen. Ihre gegenwärtige Religion ist aufgrund einer langen Reihe fehlerhafter Lehren intensiv, aggressiv und hysterisch. Es nährt und ernährt sich von den Miseren des Lebens, die es nicht zu beseitigen unternimmt, es sei denn auf eine bösartige Weise, die der Wirkung dient. Ihre Religion der Zukunft wird ruhig und freiwillig sein, und ihre Hauptaufgabe wird darin bestehen, die Übel und Unglücke des Lebens dauerhaft auf ein Minimum zu reduzieren. Die Impulse Ihrer gegenwärtigen Religion stehen völlig außerhalb des moralischen Sinns, eine bedeutsame Tatsache, die leicht durch einen Blick auf das Alltagsleben Ihres Volkes untermauert werden kann. Außer in der Einhaltung religiöser Formen unterscheiden sich Ihre Gläubigen nicht von Ihren Profanen. Die praktischen Tugenden sind bei den Gläubigen nicht größer als bei den Ungläubigen. Ihre kommende Religion wird auf dem moralischen Sinn basieren und untrennbar mit diesem verbunden sein. Es wird keine Doktrin einer schnellen und bequemen Sühne für schlechte Taten unterstützen, wie es die vorliegende tut. Es wird Ihnen zeigen, dass es keine vollständige Wiedergutmachung für eine böse Tat geben kann, außer sie wird rückgängig gemacht, und dass eine solche Tat, wenn sie einmal ausgeführt wird, ihre schlimmen Folgen entsprechend ihrer Ungeheuerlichkeit über einen Teil oder die gesamte Karriere des Täters ausbreitet. Sie wird sich nicht darum bemühen, das Gewissen eines Verbrechens zu entlasten oder den abscheulichsten Tätern durch die unbedeutende und trügerische Befolgung religiöser Formen himmlische Glückseligkeit zu garantieren.

Ihre besonderen religiösen Überzeugungen haben Ihren Charakter so geprägt und geformt , dass wir beobachtet haben, was Sie wahrscheinlich nicht an sich selbst sehen werden, bestimmte Eigenschaften oder Neigungen, die als Faktoren für Ihre endgültige Regeneration nicht vielversprechend sind. Ihre Kirchen haben Ihnen mit der klugen Absicht, ihre Dienste von unschätzbarem Wert zu leisten, den Glauben vermittelt, dass Ihre natürlichen Neigungen böse sind und dass die unvermeidlichen Unglücke und Sorgen Ihres Lebens nur die Strafe für Ihre vielen Missetaten sind. Die allgemeine Akzeptanz dieses Glaubens hat Ihren Stolz gemindert und Ihnen bis zu einem gewissen Grad den Charakter der Niedergeschlagenheit und Unterwürfigkeit verliehen, der der Verwirklichung Ihres eigenen Schicksals völlig zuwiderläuft.

Es gibt eine Geistesqualität, die wir vor allen anderen als diejenige anerkennen, die uns zu unserem gegenwärtig sehr wünschenswerten sozialen Zustand verholfen hat, und das ist das Gefühl, der Begehung einer gemeinen oder schlechten Tat aufgrund des Sinns zu widerstehen der Erniedrigung, die es den Gefühlen des Handelnden zufügt. Dieses Gewissensmotiv, das ganz offensichtlich aus dem Selbstwertgefühl hervorgeht und allein aus der Kultivierung des Geistes und ohne jegliche Rücksicht auf Glaubenseinflüsse oder Lehren erwächst, wird völlig ignoriert, sei es als Förderer der Tugend oder als Vorbeugung gegen Laster. von allen Religionen, die es auf eurem Planeten gegeben hat. Der Grund dafür ist leicht erklärt. In dem Wissen, dass eine Kultivierung des Geistes und des Gewissens ohne Einfluss des Glaubens in der Lage wäre, Ihnen bei der Förderung Ihrer Moral einen besseren Dienst zu erweisen, als es Ihre Kirchen geleistet haben, wurde es zu einem Teil ihrer Doktrin gemacht, herabzusetzen und zu missbrauchen Ihre rein intellektuellen Fähigkeiten unter der ungerechtfertigten und unvernünftigen Unterstellung, dass die freie Ausübung Ihrer Vernunft eine Annahme sei, die über Ihr Recht hinausgeht. Und das alles auch angesichts der überwältigenden Beweise an Ihnen, dass die zersetzendsten und gefährlichsten Ihrer Laster nur dort keimen und sich ausbreiten, wo der Geist brach liegt.

Aus unserer fernen Zeit, durch Tradition und Geschichte, haben wir Berichte über einige abergläubische Überzeugungen erhalten, aber es war unser Glück, dass sie nie in einem so anmaßenden und schädlichen System wie Ihres aufgebaut wurden. Man kann von uns nicht sagen, dass wir jemals ehrliche intellektuelle Bemühungen in irgendeiner Richtung angeprangert hätten oder dass wir jemals die Äußerung von Meinungen, die auf dem Diktat der Vernunft beruhten, als Verbrechen betrachteten und dass wir sie mit all ihren grausamen und herzzerreißenden Einzelheiten bestraft hätten , dient als Lehre für das gesamte Universum der Welten, niemals auf die sanften Zungen und einschmeichelnden Wege der Seher zu vertrauen, denn der

Geist der Gerechtigkeit und Wahrheit ist nicht in ihnen. Ihre Beschränkungen und Strafen der freien Meinungsäußerung, die von der Unternehmensorganisation Ihrer gegenwärtigen Religion eingeführt und bis heute mit mehr oder weniger Strenge aufrechterhalten wurden, haben schädliche Auswirkungen auf Ihre Gesellschaft hinterlassen, indem sie einige Ihrer gemeinsten Laster gefördert haben. Die Annahme, dass einer von Ihnen nicht das Recht haben soll, einem anderen seine gegensätzlichen Überzeugungen in irgendeiner religiösen Frage mitzuteilen, ist so ungeheuer ungerecht, dass sie nie anders hätte umgesetzt werden können als durch die allgemeine Überzeugung, dass sie damit übereinstimmt die Wünsche und Absichten des Allmächtigen. Eine solche Verweigerung des natürlichen Rechts der Menschheit konnte nur durchgesetzt werden, wenn die Mehrheit der Menschenmenge sich zu den Lehren bekehrte, die dieses Recht befürworteten. Die Führer der religiösen Verfolgung haben während der jahrhundertelangen kirchlichen Kontrolle lediglich die Wünsche dieser Mehrheit ausgeführt. Der Geist der Intoleranz wurde, sobald er verbreitet war, zum Vater jener Gewohnheiten des verborgenen Denkens, der moralischen Feigheit und der Heuchelei , die bis heute unter euch so vorherrschen, dass Aufrichtigkeit bei der Äußerung religiöser Überzeugungen nicht universell ist. Aus Rücksicht auf die in einem großen Teil Ihres Volkes vorherrschende Meinung, dass eine Abweichung von alten religiösen Denkweisen dem Allmächtigen missfällt und gefährlich für die Gesellschaft ist, werden viele von Ihnen aus Angst davor ständig dazu gebracht, ihre Gedanken zu diesen Fragen zu verschleiern die sozialen Konsequenzen, die sich aus ihrem offenen Bekenntnis ergeben würden. Viele skeptische Tendenzen werden dadurch dazu gebracht, ihre Überzeugungen zu verbergen, aus Angst, ihre sichere und bequeme Stellung in der Gesellschaft zu gefährden. Indem Ihre große unlogische Menge, unterstützt von ihren wachsamen kirchlichen Organisationen, stillschweigend die Strafe erduldet, ihre politische und soziale Unterstützung vorzuenthalten, übt sie immer noch einen Terrorismus über Sie aus. Folglich sind Ihre Schriftsteller in ihren Zeilen, Ihre Redner in ihrer Sprache, Ihre Lehrer in ihrem Unterricht und Ihre Staatsmänner in ihrer Gesetzgebung vorsichtig, damit jeder nicht über die Klänge des orthodoxen religiösen Glaubens hinauskommt, während er mit dem Wissen Ihrer Zeit vertraut ist , die meisten von ihnen sind sich in ihren inneren Gedanken bewusst, dass sie darauf abzielen, die Wahrheit zu meiden, im vollen Wissen, dass bis zum heutigen Tag auf der Erde die sicherste menschliche Bevorzugung nur jenen zuteil wird, die den Irrtum in dieser Richtung unterstützen.

Die beklagenswertesten Beispiele dieser Ausflüchte, die man bei Ihnen finden kann, sind Ihre wichtigsten Bildungsinstitutionen. Von allen Orten sollten diese die ersten sein, die zur Wahrheit führen, da sie am besten mit allen Geräten ausgestattet sind, um sie zu finden; Doch angesichts des vorherrschenden Terrorismus ist ihre missliche Lage peinlich und erbärmlich. Während sie Unterricht in Evolution, Geologie, Astronomie und verwandten Wissenschaften halten, zögern sie, die Irrtümer der Schriften, denen ihr Wissen entgegensteht, offen zu leugnen, und bei vielen von ihnen wird täglich das absurde Spektakel einer feierlichen Ehrfurcht vor diesen Irrtümern aufgeführt immer eine geschickte Umgehung jeglicher Verleugnung ihrer Wahrheit, wobei es ihre besondere Aufgabe ist, sie im Laufe des Unterrichts zu widerlegen.

Ich hoffe, dass Sie aus dem, was ich gesagt habe, nicht den Schluss ziehen, dass die Menschen auf dem Mars keine große Ehrfurcht und Verehrung für die Gottheit empfinden. In der Tat ist es der allgemeine Glaube unter uns, dass der Antrieb in uns, uns selbst Gutes zu tun und die Lebensweisen untereinander angenehm zu gestalten, nur die Eingebung jener göttlichen Gegenwart ist, die uns in die richtige Richtung führt Richtung der noch besseren Dinge, die kommen werden. Da wir in allen Lebewesen eine ständige Entwicklung nach oben hin zu einem Zustand der Vollkommenheit sehen und von allen anderen Geschöpfen in uns das empfänglichste und leichteste für den Fortschritt auf dem universellen Marsch sind, nehmen wir einfach unseren Platz in der Reihe ein. Was wir in dieser Richtung in unserer Regierung, Gesellschaft und Moral erreicht haben, gibt uns neuen Mut für weitere Bemühungen, und wenn unsere Methoden Ihnen von Nutzen sein könnten, werde ich Ihnen einen weiteren Bericht darüber geben.

KAPITEL V.

DIE Menschen auf dem Mars sind beeindruckt von der Überzeugung, dass die Regierungen der Erde in den letzten zweitausend Jahren keine großen Fortschritte in Bezug auf den Nutzen und die Nützlichkeit ihrer Gesetzgebung gemacht haben. Wir erkennen bei Ihnen nur als Bewegungen des Fortschritts einige Vorkehrungen, insbesondere in Ihrem eigenen Land, für die kostenlose Bildung des Volkes, ein paar gesundheitliche Aufmerksamkeiten und ein leichtes Erwachen für die Interessen Ihrer Arbeiterklasse als alles Erwähnenswerte an . Es ist wahr, dass eure Regierungen, nachdem sie ursprünglich nur die einfachsten Aufgaben übernommen hatten, mit der Weiterentwicklung eurer Zivilisation rechtzeitig dazu gekommen sind, immer umfangreichere und kompliziertere Dienstleistungen zu übernehmen. Aber in der Vervielfachung ihrer Pflichten ist leider kaum etwas anderes zu sehen als eine Ausweitung ihrer ursprünglichen Ziele in verschiedene Richtungen; Dies lässt sich kurz als Verteidigung gegen Angriffe von außen und als Schutz von Personen und Eigentum im Inneren beschreiben. Wir sind dazu übergegangen, die Verpflichtungen der Regierung als etwas zu betrachten, das darüber hinausgeht, und diese unterschiedliche Sichtweise ist ein deutliches Beispiel für unsere Entwicklung und unseren Fortschritt.

Unsere Vorstellung vom Leben ist, dass es unsere Pflicht und unser Privileg ist, es zu verbessern und es in vollem unschuldigen und rationalen Ausmaß zu genießen, da es alles ist, was wir von der ersten bis zur letzten Stufe unseres Bewusstseins wissen dürfen ; und dass es zu diesem Zweck keine Trennung zwischen moralischen und materiellen Interessen geben kann; denn es ist nur eine ehrliche Anerkennung zu sagen, dass die Krone der Zufriedenheit und des Glücks, so wie wir alle sind, nur dem gehört, der beides erfolgreich kultiviert. Nach dieser Überzeugung liegt die allgemeine Aufsicht sowohl über moralische als auch materielle Angelegenheiten in den Händen unserer Regierung. Kirche und Staat sind daher eins mit uns, und es ist ausschließlich dem rationalistischen Charakter unserer Religion zu verdanken, dass sich das Bündnis als so förderlich für unseren Fortschritt und unser Glück erwiesen hat. Eine solche friedliche und dauerhafte Verbindung mit Ihnen kann es derzeit nicht geben, da es aufgrund der Natur Ihrer religiösen Lehren zwangsläufig zu einem Autoritätskonflikt kommen muss; aber du wirst es mit der Zeit erreichen, denn aus ihr wird mehr als alles andere – wie ich zu zeigen versuche – die Fülle deines Schicksals hervorgehen.

Ihre Bemühungen zur Unterdrückung von Lastern und Verbrechen seit den ersten Phasen Ihrer Geschichte sind in einem Ausmaß vergeblich, das für Sie entsetzlich sein muss, und die Ursache Ihres Scheiterns liegt in für uns offensichtlichen Umständen. Diese Bedingungen bestehen darin, dass eure Regierungen in all diesen Jahrhunderten keine offizielle Anerkennung der Tugend angenommen haben und nicht erkannt haben, dass in ihrer Schirmherrschaft für gute Taten eine greifbare Belohnung existierte, die allen Ehrgeiz nach Ehre und Ansehen unter ihnen auf Kompromisslosigkeit setzen würde Umgang mit dem Bösen. Sie haben nur versucht, das Verbrechen durch Bestrafung zu unterdrücken, während der starke Anreiz zur Tugend, den Ihre Regierungen durch Gebote und Vorbild bieten, vernachlässigt wurde. Obwohl Sie es in Ihrem unentwickelten Zustand der Gier und des Egoismus für unsicher halten, Ihre materiellen Interessen den Händen verantwortungsloser Körperschaften anzuvertrauen, die Sie Monopole nennen, überlassen Sie die gesamte Wahrung und Führung Ihrer Moral den Gesellschaften und Organisationen Ihrer Mitmenschen , die gegenüber der Autorität noch weniger verantwortlich sind als sie. Wie können Sie unter diesem Zustand etwas Besseres erwarten als Ihren gegenwärtigen chaotischen Religionszustand und die lockere, ungelenkte, unbelohnte und völlig spontane Moral Ihres Volkes?

Unsere Regierung hat bei der Erfüllung ihrer religiösen Pflichten seit Jahrhunderten die Tugenden besonders anerkannt, insbesondere diejenigen, die anderen Gutes bringen, und nur durch die Ausübung dieser Tugenden werden öffentliche Ehren erlangt. Eine der erfreulichsten Folgen davon war, dass wir nur die Vorbildlichsten unseres Volkes an die Spitze der öffentlichen Angelegenheiten berufen haben, und daraus entsteht ein Vertrauen und eine Wertschätzung zwischen unseren Vertretern und unserem Volk, die Sie nach Ihrer Erfahrung kaum noch zu schätzen wissen. Güte ist daher, wie wir sie verstehen, der einzige Weg zur Ehre, und der notwendige hohe Charakter aller Träger öffentlicher Treuhand spiegelt eine größere Auszeichnung wider als alle anderen Positionen im Leben. Dies wiederum weckt, wie Sie leicht erkennen können, einen Geist der Nachahmung, der über alle Erwägungen der Entlohnung hinausgeht und solche hohen Positionen erreicht.

Als Teil unseres moralischen Systems halten wir die Bildung unseres Volkes für eine unverzichtbare und notwendige Ergänzung. Darin gehen wir viel weiter als Ihre engstirnigen und egoistischen Ansichten. In einer repräsentativen Regierung wie Ihrer eigenen waren Sie gezwungen, ein System kostenloser Bildung einzuführen, um die Sicherheit und Beständigkeit Ihrer Institutionen zu gewährleisten. Und selbst wenn es kein anderes Motiv gibt, ist es überraschend, dass Sie geteilter Meinung darüber sind, inwieweit Lernen allein zu diesem Zweck gewinnbringend vermittelt werden kann; Denn für uns scheint es so, als hätten Sie Ihren Jugendlichen, wenn Sie ihnen nicht mehr als die elementaren Zweige des Wissens vermittelt haben, ihnen in den geschäftlichen Angelegenheiten des Lebens kaum mehr als eine Erleichterung geboten. Erst wenn die höheren Ämter erworben werden, erhält die Regierung den Gegenwert für ihre Ausgaben, nämlich die Rückkehr eines disziplinierten und sicheren Bürgers.

Bei der Erziehung unserer Massen haben wir jedoch noch darüber hinausgehende Beweggründe, und das wichtigste unter ihnen ist der Zweck, den Geist aller mit Wissen zu versorgen, aus dem sich auf natürliche Weise Gutes entwickeln kann; und so werden Sie sofort sehen, wie das Lernen zum Hauptbestandteil unserer Religion geworden ist. Sie erkennen den großen Wert Ihrer rein säkularen Ausbildung als moralischer Akteur nur langsam an, weil sie in letzter Zeit mit Ihren geschätzten Traditionen in Konflikt geraten ist; aber dieser Grund, so groß er auch ist, wird durch einen anderen ergänzt, der den ernsthaften Widerstand Ihrer Geistlichen vollständig erklärt. Solange das Lernen eurer Schulen mit Glaubensbekenntnissen und Lehren vermischt war, war es praktisch ein Teil der Kirche und im Einklang mit ihr, aber bei einer Trennung der beiden wurden sie durch ein wohlbekanntes soziales Gesetz zu Feinden ; Ihre Kirchen mit ihrem erklärten Ziel, Ihre Moral zu verbessern, und Ihre säkularen Schulen, die bei der Erfüllung ihrer Pflichten das gleiche konkurrierende Feld besetzen.

Sie können sich leicht vorstellen, dass wir mit dem religiösen Impuls unsere Bildung ein gutes Stück weiter vorangetrieben haben als Sie. Wir halten die These für ungerecht, dass Bildung nur im Einklang mit dem Beruf oder der Stellung im Leben gewährt werden sollte. Ihr Planet war schon immer vom Übel der sozialen Klassen heimgesucht, das mit dem Fortschritt Ihrer Zivilisation nur noch zunimmt. Sie können sich dieser fruchtbaren Quelle der Störung niemals entledigen, außer durch unsere Methode, die im Rahmen der öffentlichen Ordnung die Bildung jedes Einzelnen bis zum Punkt seiner Leistungsfähigkeit vorantreibt. Auf diese Weise haben wir die Klasseninteressen und -gefühle völlig ausgelöscht. Wir konnten dies unter Bedingungen tun, die Sie derzeit nicht haben. Anstelle des militärischen oder kriegerischen Geistes, der bei Ihnen vorherrscht und der für Zwecke kultiviert wird, die uns Ihres Alters unwürdig erscheinen, haben wir unter uns einen Ehrgeiz auf dem Gebiet der Erkenntnis entwickelt, der an seine Stelle tritt.

Wir haben Anführer und Helden wie Sie, aber keinen, der seine Ehre nicht durch eine Tat zur Förderung des materiellen, intellektuellen oder moralischen Fortschritts seiner Rasse erlangt hat. Die Erinnerungen an Ihre größten Männer werden von uns mehr geehrt als von Ihnen selbst. Jedes Jahr gehen Männer unter euch zu Grabe, deren Leistungen die Bewunderung und das Gerede unseres ganzen Volkes hervorrufen. Derjenige von Ihnen, der die Theorie der Planetenbewegung entdeckt hat, der das Gesetz der Gravitation entdeckt hat und der auch das Prinzip der Evolution im organischen Leben festgestellt hat, ist auf der Erde kaum bekannt, außer unter den wenigen Gebildeten; während die ganze Marswelt von den von ihnen geleisteten Diensten beeindruckt ist und über die großartigen und ewigen Auswirkungen ihrer Arbeit spricht.

Wir haben auf dem Weg der Wissenschaft vieles gefunden, was Sie in Erstaunen versetzen würde, und bei jeder Entdeckung wurde die Leistung gelobt und von einer Seite unseres Planeten zur anderen widergespiegelt. Bei jedem dieser Fortschritte spüren wir, wie wir der Gottheit näher kommen. Ein Triumph der Wissenschaft bei uns ist ein Triumph der Religion, und während wir uns weiter stärken und bei jedem Schritt in Richtung Wissen neuen Mut fassen, bringt ein ähnlicher Fortschritt bei Ihnen nur den abergläubischen Rahmen mit sich, auf dem Ihre Religion aufgebaut ist Verfall.

Unsere religiöse Hingabe ist im Wesentlichen lebhaft, sogar freudig. Die Sorgen des Lebens, die nicht die direkte oder indirekte Folge von Indiskretionen und Verstößen gegen Naturgesetze sind, betrachten wir als Erbe und nicht als Strafe, und wir bemühen uns auf alle erdenkliche Weise, sie zu lindern und leichter erträglich zu machen. Für die Kranken unter uns fehlt nie die Hand der Liebe und des Mitgefühls; und unter den festen und unbeirrten Überzeugungen des philosophischen Denkens ist der Tod nur ein Bedauern und niemals ein Schrecken. Ihre Glaubensbekenntnisse wirken bis zum letzten Ende in jeder Hinsicht bis zur Qual; Sie haben dafür auf geniale Weise eine Schreckenstheorie erfunden, aus der sie ihre wichtigste Lebensgrundlage und Stütze beziehen. Der Lebensweg, den sie als den einzigen bezeichnen, der in die versprochene Ewigkeit der Glückseligkeit führt, ist der gewundene und schwierige Fußweg, der sich wie ein Labyrinth durch die Schatten ihrer Kirchen windet.

Obwohl Sie auf diesem vorgeschriebenen Lebensweg von Ihren kirchlichen Lehrern aufmerksam begleitet wurden und Ihr Ein- und Ausstieg ohne ihre Hilfe schwierig war, konnten sie Ihnen doch aufgrund der Natur ihrer Lehren erst am letzten Schauplatz alles eine Folter auferlegen zweifeln. Wir haben die Gelassenheit des Todes gefördert, indem wir seinen Kummer so weit wie möglich beseitigt haben. Bei uns wird der Einzelne in seinen letzten Augenblicken nicht von einer mitfühlenden Angst vor dem bevorstehenden Leiden um die Bedürfnisse des Lebens unter Angehörigen überwältigt, das bei der Zusammensetzung Ihrer Gesellschaft so oft die Qual der Trennung mit einem überwältigenden Gefühl der Verzweiflung verbindet. Das Ende kommt friedvoll zu uns, in dem Glauben, dass wir, so wie wir von der Gottheit kamen, auch am Ende zu Ihm zurückkehren; dass das Leben darüber hinaus ein höheres Leben sein muss, weil der moralische Sinn in uns ständig wächst; und dass die vor uns liegende Region frei, offen und gastfreundlich sein muss, ohne quälende Barrieren zwischen Familien und Freunden, denn im Wachstum unserer Zärtlichkeit und Verbundenheit zueinander können wir mit Sicherheit die Entwicklung eines Besseren vorhersagen und glücklicheren Zustand.

Das Gebet in dem Sinne, dass es von Ihnen verstanden und ausgeführt wird, betrachten wir als bloßen Aberglauben. Es ist das Ergebnis Ihrer niedrigsten Stufen der geistigen Entwicklung. Es ist der Geist dieser willigen Selbsterniedrigung und Angst, die den Wilden vor seinem Idol niederwirft und um Hilfe bei seinen blutrünstigen Werken bittet, um Immunität vor einem verletzten Naturgesetz oder um Sicherheit vor Erschütterungen in der Luft, zu Lande oder zu Wasser . Übertragen auf eure Zivilisation ist es nicht weniger unvernünftig geworden. Seit Tausenden von Jahren haben Sie die Gottheit täglich um einen Gefallen gebeten, von dem Ihnen kein einziger gewährt wurde, außer scheinbar durch einen Zufall. Die schlüssigsten Tests haben es nicht geschafft, die Gläubigen unter Ihnen vom Trugschluss des Gebets zu überzeugen, weil es als Institution Ihrer Kirchen nach ihrer Versöhnungstheorie einen einfachen Ausweg zum Gewissen bietet; und auch aus dem Grund, dass es der Fantasie in seinen auffallenden und neuartigen Gesprächssituationen mit dem Autor von Welten einen Anschein jener Freude vermittelt, die die Geringen für Zugeständnisse der Großen empfinden.

Es entspricht völlig Ihren Vorstellungen von der Gottheit, dass Sie vor Ihm kriechen und sich erniedrigen. Der gesamte Tenor Ihres religiösen Denkens wurde so gestaltet, dass er die Farbe der Selbsterniedrigung annimmt, die zwar dazu dient, Sie völliger in die Hände Ihrer theologischen Vorgesetzten zu werfen, aber durch keine möglichen Beziehungen zu dem Wesen, an das Sie sich wenden, gerechtfertigt ist. Sie repräsentieren auf der Erde, wie wir es auf unserem Planeten tun, die höchste Form des Lebens. Wir sind beide das triumphale Ergebnis eines Prozesses, den der große Autor vor unendlichen Zeitaltern ins Leben gerufen hat. Nur uns, allen Wesen, hat Er die wunderbaren Eigenschaften des Denkens und der Vernunft verliehen, die uns zu einem Teil von Ihm machen. Wir sind die einzigen Erben, die durch seine eigene wohltätige Tat die Macht besitzen, seine wunderbaren Arbeitsmethoden und jene magischen Transformationen von Geist und Materie zu entdecken und zu genießen, die aus der toten Asche der Vergangenheit die blühende Gegenwart mit verwandeln Es ist eine beruhigende Hoffnung auf eine baldige Verwirklichung.

Welchen Hinweis haben wir also in all seinen Werken darauf, dass Er uns anders geschaffen hat als als eine Arbeit der Liebe und als vollsten Ausdruck einer evolutionären Fähigkeit, die alle Dinge um uns herum prägt? Durch welche Autorität seid ihr denn aufgerufen, euch in ständiger Selbsterniedrigung vor eurem großen Vater zu beugen, der mit elterlicher Fürsorge die ganze Erde für euren Haushalt geöffnet und euch die Macht gegeben hat, über alle Geschöpfe darauf zu herrschen? , und hat dich gelehrt, aus den Elementen, die dich umgeben, Spielzeug zu machen? Von welcher Autorität, außer dem unwürdigen Beispiel Ihrer eigenen barbarischen Instinkte, die für Platz und Macht eine Huldigung verlangen, deren Grad der Niederwerfung mit einzigartiger Genauigkeit Ihre gesamte Karriere vom wilden Herrscher bis zum kultivierten Monarchen markiert?

Abgesehen von der Tatsache, dass Ihr fortwährendes Betteln Ihnen nichts gebracht hat, haben Sie eine Fülle negativer Beweise, die darauf hindeuten, dass Ihr unaufhörliches Flehen, anstatt Ihnen Gunst von der Gottheit zu bringen, auf unverkennbare Weise deren Zeichen auf Sie überschattet hat Unmut. Denn so wie er Sie nach und nach aus den niederen Formen emporgehoben und Ihre Fähigkeiten erweitert hat, hat er Sie schließlich so weit ins Vertrauen gezogen, dass er Sie in die Methoden seiner Arbeit einführte und Ihnen das bisher Aufgegebene übergab Wir haben Kräfte für Ihre Bequemlichkeit und Ihren Nutzen bereitgestellt, doch im Verlauf dieser Zugeständnisse ist es eine bedeutsame Tatsache, dass Ihre Gebete eher dazu gedient haben, sie zu behindern als zu fördern. Da es in der Tat nichts gibt, das die Gegenwart und Hilfe Gottes so schlüssig beweist wie den materiellen und intellektuellen Fortschritt, wird es in der Aufzeichnung der irdischen Dinge schwierig sein, zu zeigen, dass auf die Vorherrschaft des Gebets nicht immer ein vorübergehender Rückzug des Gebets folgte diese göttliche Hilfe und Unterstützung.

KAPITEL VI.

UNSERE Verehrung für die Gottheit, die wahrer und aufrichtiger ist als Ihre, entspringt einer ganz anderen Vorstellung. Wenn wir auf die Jahrhunderte zurückblicken und auf das, was sie uns gebracht haben, erkennen wir, dass jede neue Entwicklung in der Materie eine Steigerung jener Eigenschaften mit sich bringt, deren Anblick uns Freude bereitet. Ausgehend von den unattraktivsten Formen bringt uns dieser Prozess der Veränderung von Organisation und Symmetrie durch ein unveränderliches Gesetz des Schöpfers aus der Hässlichkeit der Vergangenheit das Schöne der Gegenwart hervor. Da wir Ihn daher ständig bei der Arbeit sehen, wie er das Hässliche in Schönes verwandelt, glauben wir, dass Ihm die Farben, Formen und Qualitäten der Dinge gefallen, die unsere eigenen geschulten Sinne erfreuen. Aus dieser Überzeugung heraus umgeben wir uns mit dem Schönen in Natur und Kunst.

Der Wandel in der Form der Materie ist nicht lehrreicher als die stetige Veränderung der Intelligenz, die von ihrer ursprünglichen Unwissenheit, ihrem Aberglauben und ihrer Brutalität Schritt für Schritt zu ihrem gegenwärtigen höheren Grad des Denkens und Handelns erhoben wurde. Wir erkennen hier eine Tatsache an, die für uns äußerst wichtig und bedeutsam ist. Während die göttliche Energie ständig am Werk ist und niedere Formen der Materie in höhere umwandelt, wird uns an diesem Vorgang kein Anteil gewährt. Es geht ohne unsere Hilfe weiter, und wir haben keine Macht, seinen stetigen Fortgang zu bremsen oder zu beschleunigen. Ganz anders verhält es sich mit der Intelligenz. Das liegt in unseren Händen, mit all seinen großartigen Möglichkeiten. Darin haben wir einen Beweis für die göttliche Zuversicht, seinen Fortschritt angesichts der Segnungen, die er bereithält, voranzutreiben. Aus dieser Sicht kultivieren wir seit Jahrhunderten den Geist in allen Richtungen des Wissens und Fühlens als Hauptbestandteil unserer Religion. Die Bewegung der Sphären ist ebenso wenig das Werk dieses großen Wesens wie diese fortschreitenden Veränderungen im Geist und in der Materie.

Wir glauben, dass Laster und Hässlichkeit austauschbare Begriffe sind, wobei letzteres eine Eigenschaft ist, die auf unvollkommen entwickelte Materie zurückzuführen ist, und erstere eine Eigenschaft der Intelligenz in demselben unvollkommenen Zustand; So wie Schönheit und Tugend zusammen oder getrennt dieselbe fortgeschrittene Entwicklung beschreiben.

Aber während wir in Harmonie mit der Gottheit arbeiten und seine Absichten unterstützen, haben wir als Anreiz zum Handeln stets die Vollendung oder das Ziel im Blick, auf das all diese Veränderungen abzielen. Wir glauben, dass das Ergebnis ein spirituelles Leben mit allen erkennbaren

Dingen und ein Zustand der Vollkommenheit und des Glücks sein wird, der über unsere gegenwärtige Vorstellung hinausgeht. Da Glück also ein religiöses Streben ist, fördern wir es auf jede erdenkliche Weise im Einklang mit den unschuldigen und vernünftigen Neigungen unseres gegenwärtigen Zustands.

Unsere Religion ist daher eher fröhlich als feierlich. Wir erwarten darin keine Qualen, keine langwierigen Qualen und Abtötungen des Fleisches. Die einzige Aufgabe des Todes besteht darin, sein Kissen zu glätten und die damit verbundenen Sorgen auf ein Minimum zu reduzieren. Unsere Religion streckt dem Unglück der Gegenwart ihre Hand des Mitgefühls und der materiellen Hilfe entgegen. Zu welchem Zweck sollte es das Elend und Leid der Vergangenheit vorstellen und sich damit befassen? Wir lassen die toten Zeitalter ruhen. Wir können in ihrer Asche nichts finden, was mit den Lebenden vergleichbar wäre. Die Gegenwart ist besser als die Vergangenheit, da die Zukunft in genauem Maße besser sein wird, wenn neue Wahrheiten entdeckt und die alten Irrtümer beiseite geworfen werden. Sie ernten die Ausstrahlungen einer frühen und unvollkommenen Entwicklung für Beobachter und Führer und erweisen ihnen Ehre für die Geheimnisse, die sie beschwören. Sie legen die verdorrte Hand der Mumie in die warme Handfläche des Lebenden und Ihre Einführungszeremonie ist ein Gebet, dass der lebende Körper niemals die tote Form verlassen möge.

Die unhaltbaren und unerträglichen Prämissen, auf denen eure Religionen basieren, werden zu ihrem Verfall führen. Nichts von ihnen wird Ihnen bleiben außer ihrer Spiritualität. Von ihrem Aberglauben befreit und vom Intellekt geleitet, wird ihr spiritueller Teil von euch wie ein aufpoliertes Juwel in einer neuen Fassung erhalten bleiben.

Die Orthodoxen unter Ihnen sind misstrauisch gegenüber dem Vordringen der Wissenschaft und sind sich der Tatsache nicht bewusst, dass sie zu gegebener Zeit Ihren Glauben mit der Überzeugung einer zukünftigen spirituellen Existenz ohne den Schatten eines Zweifels verankern wird. Wenn Sie an diesem Punkt angelangt sind, werden Ihre Moral und Ihr Fortschritt so sehr gesteigert sein, dass Sie Ihre bisherigen Fortschritte als unbedeutend betrachten werden. Für einige scheint Ihre Wissenschaft materialistische Überzeugungen zu fördern. Das ist nur Ihr halbes Wissen. Für einige Zeit werden Ihre Entdeckungen in diese Gedankenrichtung tendieren, aber all dies wird durch eine feste Überzeugung von der Existenz der Gottheit und Ihre stetige Annäherung an Ihn ersetzt. Die Zeit der Gefahr für Sie wird kommen, wenn Sie wie wir vor Jahrhunderten die Entdeckung gemacht haben, was Sie in Ihrer Sprache als universelle Verbreitung von Intelligenz in allen Materien, anorganischen wie organischen, beschreiben können.

Es mag ein verblüffender Vorschlag sein, Ihnen mitzuteilen, dass die Eigenschaft, die Ihnen die Kraft des abstrakten Denkens verleiht, in geringerem Maße beispielsweise die Steine besitzen, die unter Ihren Füßen liegen; Dennoch ist dies der Fall, denn wir haben zweifelsfrei bewiesen, dass die chemischen Kräfte und Affinitäten nichts anderes sind als niedrige, begrenzte und unempfindliche Formen intelligenten Handelns. Die Tatsache lässt sich am besten am Aufbau organischer Körper bei der Zellvermehrung erkennen. Jede Zelle ordnet sich unter einem ererbten Handlungsimpuls, von dem sie nicht abweichen kann, an ihrem Platz und macht Platz für ihren Nachfolger. Was bei euch als Naturkräfte bekannt ist, sind lediglich Formen unbewusster und eingeschränkter Intelligenzen, die nur die Macht haben, in begrenzte Richtungen zu wirken. Beide bauen Materie auf und reißen sie für uns wieder ab. Sie formen den Kristall mit mathematischer Gleichmäßigkeit und zeichnen die Form der Pflanze mit unfehlbarer Präzision nach. Der Charakter der Agentur steht in keinem Verhältnis zum Umfang ihrer Arbeit. Diese niedrigen, unbewussten Formen der Intelligenz, die die Pflanzenzelle dazu inspirieren, ihre phantasievollen Erhebungen aufzubauen, und das unendlich kleine Atom dazu inspirieren, nach ihrer Affinität zu streben und sie anzunehmen, sind genau das Gleiche wie das, was das Meer der Welten auf seinen schnellen und unveränderlichen Pfaden lenkt . Und doch liegen sie bei aller Genauigkeit und Unendlichkeit ihres Umfangs ebenso weit unter der unabhängigen, selbstbewussten Intelligenz, die unsere Gedanken und Handlungen leitet, wie das Protoplasma unter der am höchsten organisierten und vollkommensten Form.

Ihre Theologie hat Sie mit dem Glauben erniedrigt, dass Sie Bettler seien und die Wohltaten des Lebens als bloße Zugeständnisse eines allmächtigen und anspruchsvollen Herrn genießen; und dass Ihre Position im Kosmos in engem Zusammenhang mit der Bedeutungslosigkeit Ihrer materiellen Körper und Ihrer schwachen Macht in den gewaltigen Energien steht, die Sie umgeben. Ihre Wissenschaft wird Sie mit dem Wissen erheben, dass Sie im großen Universum ebenbürtig sind und dass Ihre Statur kein Vergleichsmaß für ihre Proportionen in der Höhe und Breite Ihrer materiellen Welt hat. Es wird Sie lehren, dass Sie nach und nach und über Millionen von Zeitaltern zu jener Eliminierung des Geistigen aus der großen Zahl geteilter Intelligenzen geworden sind, die Ihre natürliche Welt aufgebaut und regiert haben; dass du die Ernte und Frucht der unzähligen niederen Intelligenzen bist, die am Anfang ausgesät wurden, um ihre mächtige Arbeit zu tun.

Bei der Verfolgung dieser Fragen werden Ihre Wissenschaftler zu einer Reihe wichtiger Wahrheiten gelangen, die völlig im Widerspruch zu einigen Ihrer derzeit scheinbar etablierten Theorien stehen. In Ihren Spekulationen über den künftigen Zustand gibt es eine Tendenz, die ich in Ihrer Sprache mit keinem anderen Namen bezeichnen kann als mit Enge. Sie sind sich erst vor

Kurzem der immensen Größe und Entfernung der Himmelskörper bewusst geworden, dass der Vergleich mit Ihren früheren eingeschränkten Ansichten in dieser Richtung ein Gefühl der Hilflosigkeit bei dem Versuch hervorgerufen hat, diese unendlichen Räume zu ergründen. Aber langes Nachdenken wird dazu dienen, Ihre Ansichten zu erweitern und Ihre Hoffnungen zu erweitern. Umgeben oder neben diesem weiten Universum haben wir Hinweise auf eine spirituelle Region, wie das feste Land, das an euren eigenen großen Ozean grenzt, dessen großes Gewässer für das niedere Tierleben darin ebenso grenzenlos und tiefgreifend ist wie der große Kosmos für euch selbst .

Sie haben erst kürzlich einen Prozess der Natur entdeckt, durch dessen langsame Veränderungen das Tierleben verändert und seine Arten verändert und verbessert wurden. Ihr wisst, dass die Atmosphäre, die eure Erde zu Beginn umgab, nicht von der Zusammensetzung war, um ihr gegenwärtiges hochorganisiertes, atmendes Leben zu unterstützen, und dass folglich im Laufe der Zeit die einzigen Lebewesen und sich bewegenden Dinge auf eurem Planeten die spärlichen Luftverbraucher waren Lebewesen, die das Wasser bewohnten. In den dunklen und höhlenartigen Tiefen eurer Ozeane und dem schleimigen Schlamm eurer Flüsse und Seen befanden sich die Wiegen, in denen die Natur begann, die gegenwärtigen anmutigen lebenden und sich bewegenden Formen zu formen , die jetzt über eure feste Oberfläche streifen. Das empfindliche Laboratorium des Schöpfers für den Beginn des tierischen Lebens befand sich zwischen gleichmäßigen Temperaturen und weichen Wasserwänden unter der wechselnden und austrocknenden Atmosphäre, die es überall überragte. Ihr selbst sowie alle anderen lebenden und atmenden Geschöpfe haben ihre Lebensgrundlagen in den Gewässern der Erde gelegt, eine Tatsache, die deutlich daran erinnert, dass die Natur kontinuierlich für die schützende Präsenz von Wasser beim Wachstum Ihres Embryos gesorgt hat .

In deinem Keim erschien dir das Universum als nichts anderes als eine riesige und unbegrenzte Wasserfläche. Die untergetauchte Erde, auf der Sie lagen und ruhten, mit ihrer trüben Umgebung und der Weite sonnenloser, flüssiger Wolken über Ihnen war die einzige Welt und das einzige Universum, die Sie kannten. Mit welcher Autorität der Vernunft oder der Wissenschaft kommen Sie dann zu dem Schluss, dass die Stufe der Evolution, die Sie in den herrlichen Sonnenschein und die freie Luft geführt und Sie mit der Form und dem Verständnis, die Sie besitzen, angepasst hat, das Ende ist? Vom kalten, trägen und unbewussten zum warmen, wachen und intellektuellen Fortschritt gibt es keinen größeren Schritt als den kommenden, der Ihrem Verständnis die Geheimnisse des Lebens und der Natur klar machen wird, die in der Welt so unerkennbar und undenkbar sind Deine gegenwärtige Unreife. Von Ihrer nächsten Stufe der spirituellen Überlegenheit aus werden

Sie auf die Gegenwart mit all ihren Bedingungen zurückblicken, die durch den Kontrast der erreichten besseren Dinge so verdammt ist, dass sie für Sie kaum mehr sein wird als jetzt das abstoßende Unheimliche und Unkommunizierbare Lebensraum deines Anfangs.

Kapitel VII.

DIE vertraulichen Beziehungen zwischen unserer Regierung und dem Volk haben ihr einen elterlichen Charakter verliehen. Daher ist es seit Jahrhunderten das Ziel unserer Gesetzgebung, die natürlichen Übel, die sich als Ergebnis uneingeschränkter gesellschaftlicher Kräfte einschleichen, so weit wie möglich zu lindern. Betrachtet man die gesamte Masse unserer Einwohner als eine Familie, so konnte die Regierung nie das Gefühl haben, dass ihre Pflicht treu erfüllt wurde, während sich eine Reihe ihrer Bürger in Bezug auf die gewöhnlichen Freuden des Lebens aus irgendeinem entfernbaren Grund in einem Zustand der Unterdrückung befanden. Sie haben Ihre Zivilisation, genau wie wir unsere, mit der Kristallisierung der Gesellschaft in zwei Klassen begonnen. Diejenigen, die zunächst durch Sparsamkeit, Erwerbssucht oder starke Waffen in den Besitz ausreichender Besitztümer gelangten, um der Notwendigkeit der täglichen Arbeit für den Lebensunterhalt zu entgehen; und diejenigen, die aufgrund des Fehlens dieser Eigenschaften oder aus anderen Gründen gezwungen waren, Tag für Tag ihre Muskel- und Nervenkräfte zum Wohle derer einzusetzen, die es für gewinnbringend hielten, sie zu nutzen und dafür zu bezahlen. Dieser Zustand der Gesellschaft ist ein natürlicher und gerechter Zustand, und nichts daran hindert das größtmögliche Maß an Glück für alle. Doch schon vor langer Zeit stellten wir fest, dass die Interessen der Besitzklasse und der Arbeiterklasse nicht gleichermaßen in der Lage waren, ein faires und gleichberechtigtes Verhältnis zueinander aufrechtzuerhalten. Wir fanden heraus, dass die Interessen der Arbeit in den Vielen in ihrem politischen Gewicht nicht mit der großen Macht des Reichtums in den Wenigen zu vergleichen waren; Und da wir die zeitliche Unterwerfung des einen durch den anderen voraussahen, die eure Erfahrung gezeigt hat, trafen wir umfassende Vorkehrungen dagegen.

Wir erkennen als Grundlage allen materiellen Fortschritts an, dass die ehrliche Anhäufung von Reichtum das Privileg aller sein sollte; und dass die Eigentumsrechte geschützt und der Genuss davon für jedermann gesichert werden sollten. Doch da diese Grundsätze in unserer Regierung fest und erfolgreich umgesetzt werden, halten wir es seit vielen Jahrhunderten für notwendig, die Interessen der Arbeiterklasse durch besondere gesetzgeberische Aufmerksamkeit zu unterstützen und aufrechtzuerhalten. Sie haben den genau entgegengesetzten Weg eingeschlagen. Von Beginn Ihrer Geschichte an herrschte das Privileg des Reichtums, die Arbeit unterworfen zu halten und sie als Instrument der Akkumulation zu nutzen, mit etwa der gleichen Rücksicht auf ihr Wohlergehen wie das Pferd im Halsband oder der Ochse unter seinem Joch , ohne die Verabschiedung eines ernsthaften und wirksamen Gesetzes, das es in seinem ungleichen Kampf unterstützen und stützen könnte. Im Gegenteil, Ihre Gesetzesbücher sind voller repressiver Gesetze gegen die Arbeiterklasse; Und während in euren zivilisiertesten Bezirken diese ungerechten Gesetze fast überholt sind, gibt es auf eurem Planeten immer noch einen Durchschnitt derart rechtlicher und sozialer Unterdrückung der Klasse, deren starker Arm euch unterstützt, dass sie von uns als das unglücklichste und in Verruf geratenste Merkmal angesehen wird Ihres sozialen Zustandes.

Es spielt keine Rolle, wie Ihre Ökonomen die Beziehungen der Arbeit zu ihren Genossenschaftsinteressen untersuchen und diskutieren, solange sie keine Vorschläge zur Erleichterung der ungerechten Bürde der Nöte des Lebens machen, die sie trägt. Ihre gemeinsame Ansicht, dass Arbeitskräfte unvermeidlich dem Gesetz von Angebot und Nachfrage unterworfen werden müssen und dass folglich achtzig Prozent Ihres Volkes bei jeder ungünstigen Wendung des Arbeitsmarktes hilflos dem Risiko von Not und Leid ausgesetzt sein müssen, ist dem Planeten eigen, auf dem Sie leben, und ist eine der fehlerhaftesten und unklugsten Schlussfolgerungen unter Ihnen. Diese herzlose Einstellung von Ihnen ist eindeutig das Erbe Ihrer frühen grausamen Zeiten. Bei einem solchen Stand der Dinge kann man nie einen sehr hohen Zivilisationsstand erreichen. Da so viele von Ihnen ständig unter den Wechselfällen solch ungünstiger Veränderungen ihrer Lage leiden, kann es keinen stetigen Fortschritt im Ganzen und nur wenig Ermutigung zur Sparsamkeit geben; In allen höheren Zielen des Lebens muss ein Mangel an Ehrgeiz vorherrschen und eine allgemeine Hingabe an die Unvorsichtigkeit und die daraus resultierenden Laster. Für die Klasse, die Ihren Reichtum geschaffen hat und ihn ständig erneuert und die einen so großen Teil Ihrer Gesamtbevölkerung ausmacht, können Sie keine gesetzgeberischen Bemühungen zu ihren Gunsten zeigen, außer indirekt, durch einige der Zwecke, den Weg zu ebnen und die Profite des Kapitals steigern. Die Möglichkeiten Ihrer vergleichsweise kleinen Kapitalistenklasse, die größere Gruppe von Vermögensproduzenten auf völlig herzlose Weise für ihre Zwecke zu nutzen, wurden durch natürliche Bedingungen erleichtert, die unter einem humaneren und selbstloseren System schon vor langer Zeit beseitigt oder korrigiert worden wären Verwaltung Ihrer Angelegenheiten und wenn Ihre Regierungen nicht ausschließlich in den Händen der genannten kleineren Klasse gelegen hätten. Wir kennen nichts Herzloseres und Grausameres von den herrschenden Klassen der Erde als ihre sorglose Unterwerfung ihrer Lohnempfänger unter den uneingeschränkten Einfluss der Konkurrenz um Arbeit unter der kompromittierenden Bedingung, dass sie auf Brot angewiesen sind.

In unserer Philosophie erkennen wir nur zwei ehrliche Wege zur Vermögensanhäufung an. Das eine ist die Ersparnis des Lohns, das andere die Ersparnis des Kapitals; und unsere Gesetzgebung ist hauptsächlich darauf ausgerichtet, die Chancen auf Wohlstand durch diese beiden Methoden so gleichmäßig wie möglich zu gestalten. Um diesen Dienst effektiv zu leisten, sind unsere größten Anstrengungen auf die Interessen der Arbeitnehmer gerichtet. Wir fühlen uns darin berechtigt, denn mit diesem Interesse ist das Wohl von etwa sieben Achtel unseres Volkes verbunden; Denn die Schaffung und ständige Erneuerung des gesamten Reichtums auf unserem Planeten ist ausschließlich der Arbeiterklasse zu verdanken. Denn auch dieses Kapital hat gegenüber der Arbeit natürliche Vorteile, die erstens darin bestehen, dass es Zeit und Ort für die Investition wählt; Zweitens seine Fähigkeit, auf Gelegenheiten zu warten, ohne das Risiko körperlichen Leidens seiner Besitzer einzugehen, und die Muße zum Nachdenken und Wissen, die es denjenigen bietet, die es kontrollieren. Außerdem übernimmt dieses Kapital, das die Stellung eines freiwilligen Arbeitgebers einnimmt, natürlich die Rechte und Privilegien des Herrn, die die Arbeit in ihrer eingeschränkten und abhängigen Situation anerkennen muss.

Wir haben diese ungleichen Beziehungen und Tendenzen längst berücksichtigt und sind daran gegangen, sie zu beheben. Unsere Gesetzgebung zugunsten der Arbeiterklasse ist die glücklichste und befriedigendste von allen, die wir haben. Ohne sie wäre unsere heutige Zivilisation unmöglich. Bevor ich unsere Methoden beschreibe, möchte ich Ihre Aufmerksamkeit auf die unmittelbaren und indirekten Ursachen lenken, die sich auf die Arbeiterklasse Ihres Planeten auswirken.

Besonders hervorzuheben ist der promiskuitive Besitz von Land. Die Übergabe der Erdoberfläche an die Kontrolle des individuellen Eigentums ist einer der schwerwiegendsten Fehler Ihrer Zivilisation. Als größter Einwand dagegen kann nicht allein erwähnt werden, dass der Planet, auf dem Sie geboren wurden, das natürliche Erbe von Ihnen allen ist, von dessen Oberfläche jeder einzelne von Ihnen dazu bestimmt ist, seinen Lebensunterhalt zu beziehen, und dass a Das Monopol darauf durch einige wenige ist ebenso ein klarer Verstoß gegen die Gerechtigkeit, wie es wäre, wenn so etwas möglich wäre, wenn die Atmosphäre von Teilen privat genutzt würde. Vor allem aber ist zu bedenken, dass Ihre Landpolitik es den Wenigen ermöglicht, die Vielen zu beherrschen, eine Klasse unterdrückt und eine andere erhebt und unmerklich einen ungerechtfertigten Teil des Arbeitseinkommens in die Taschen Ihrer landbesitzenden Klassen transferiert.

Fast jeder Einfluss, der derzeit auf den Fortschritt Ihrer Gesellschaft wirkt, neigt dazu, Geld in die Hände Ihrer Landbesitzer zu werfen, das diese nicht fair verdient haben. Während die Arbeitsprodukte von Tag zu Tag billiger werden, teils aufgrund der zunehmenden Fertigkeit und des Einsatzes von Maschinen bei ihrer Herstellung, teils auch aufgrund der Konkurrenz der

Arbeitskräfte aufgrund des Bevölkerungswachstums, aber auch aufgrund dieser Vorgänge der Wert des Grundbesitzes steigt.

Sie schätzen die Miete bereits als einen erheblichen Kostenfaktor bei der Produktion Ihrer Lebensmittel ein, und Sie nähern sich allmählich einer Zeit, in der die Kosten für Lebensmittel durch das Bevölkerungswachstum durch die Mietkosten stark steigen werden. Sie haben sich die ganze Zeit diesem Landmonopol aus offensichtlichen Gründen unterworfen. In den frühen Tagen Ihrer Geschichte wurde jeglicher Privatbesitz an Land mit Gewalt erworben und gehalten, und man kann mit Sicherheit behaupten, dass derzeit in keinem Ihrer älteren Länder ein Titel existiert, der nicht auf gewaltsamer Eroberung beruht, und das ist auch nicht der Fall gewesen wird von einer organisierten und bewaffneten Autorität aufrechterhalten, deren Existenz von der Beibehaltung des in Mode befindlichen Eigentumssystems abhängt. Es liegt auf der Hand, dass Ihr gegenwärtiges System nicht stillschweigend ertragen wird, wenn die Forderung nach Gerechtigkeit für alle die Grundlage politischen Handelns sein soll und insbesondere, wenn die Kosten Ihrer Lebensmittelversorgung durch die Mietkosten stark steigen.

In Ihrer bevorzugten Region der Erde können vorübergehende Bedingungen herrschen, die dazu neigen, Ihr derzeitiges Landbesitzsystem nicht nur zu tolerieren, sondern es auch populär zu machen. Ihre große unbewohnte landwirtschaftliche Fläche , von der jeder Ihrer Bürger gegen geringe Kosten auf Dauer einen Teil mit Eigentumstitel auswählen darf, zerstört vorerst den monopolisierenden Charakter des Privateigentums; Und obwohl diese staatlichen Landverteilungsakte die bemerkenswertesten Zugeständnisse an die Arbeit in der Geschichte der Menschheit darstellen, können wir in der Praxis nichts anderes entdecken als einen vorübergehenden Kompromiss zwischen den Interessen von Kapital und Arbeit. Während sich Ihre Gesellschaft weiterentwickelt, müssen Sie zu dem Zeitpunkt kommen, an dem Ihre landlose Klasse ebenso effektiv vom Eigentumsprivileg ausgeschlossen sein wird, wie sie es derzeit in den älteren Ländern der Welt ist.

Ihr eigenes Land hat durch die Neuartigkeit seines menschlichen Besitzes durch die großzügige Aufteilung seines Territoriums in private Hände die Lasten der Arbeit anderswo und auch in sich selbst gemildert. Dies wurde auf zwei Arten erreicht : Erstens durch den Rückzug aus der überschüssigen Bevölkerung dicht besiedelter Gebiete im Ausland und zweitens dadurch, dass die älteren Länder der Erde aus ihren reichen Agrarflächen eine billigere Nahrungsmittelversorgung erhielten, als sie aus ihren eigenen Ländern bereitstellen konnten Böden. Aber die Unvernünftigsten unter Ihnen können nicht umhin, die rasche Begrenzung dieser Operationen im Interesse der Arbeit zu erkennen, die schließlich lediglich als Waffenstillstand zwischen dem Konflikt zwischen der arbeitenden und landlosen Masse und den

wenigen Landbesitzern betrachtet werden müssen Die Leute werden
sicherlich mit der Zeit Zeuge werden. Auf dem Mars handhaben wir diese
Dinge ganz anders.

KAPITEL VIII.

D ER Planet Mars gilt als Erbe derer, die auf ihm geboren wurden. Unsere Regierung erkannte die selbstverständliche und unumstößliche Berechtigung dieser Ansicht an und übernahm vor langer Zeit das Eigentum und die Eigentumskontrolle treuhänderisch zum gleichen Nutzen aller. In Übereinstimmung mit dieser Ansicht ist es vorgegangen, seine Nutzungen für alle Zwecke der Industrie und des Vergnügens zu gewähren, und zwar in einer Weise, dass das Einkommen seiner Rente jedem lebenden Einwohner gleichermaßen zugutekommt. Ich kann Ihnen nur einige Umrisse unserer bewundernswerten Art geben, dieses Ziel zu erreichen.

Unsere landwirtschaftlichen Bezirke sind in kleine Bauernhöfe gleicher Größe unterteilt, deren Pachtzins entsprechend dem Reichtum ihrer Böden und anderen Bedingungen gestaffelt wird. Eine Untervermietung ist nicht gestattet, und ein Hauptzweck dieser Zuteilungen besteht darin, dass die Familie, die auf jedem Bauernhof wohnt, in der Lage ist, alle erforderlichen Arbeiten zu verrichten. Dies steht im Einklang mit einem Grundsatz, den unsere Regierung auf jede erdenkliche Weise umsetzt, nämlich Arbeit und Kapital in Partnerschaft zu bringen. Der Bebauer des Bodens setzt seine Verbesserungen fort, in der Gewissheit, dass sie ihm so sicher sind, als ob sein Titel ewig wäre; denn im Falle eines Wechsels des Mietverhältnisses, was äußerst selten vorkommt, wird ihm für das gesamte Anlagevermögen, das das Produkt seiner Arbeit ist, ein angemessener Wert zurückgegeben. Es ist vorgesehen, dass es bei der Belegung keine Konkurrenz gibt, und da es sich bei der Miete nur um einen Nominalbetrag handelt, verspürt er keine Unsicherheit in Bezug auf seinen Besitz. Die landwirtschaftlichen Pachtzinsen werden jährlich gestaffelt und sind kurz nach der Ernte zahlbar. Sie können sowohl höher als auch niedriger ausfallen als im Vorjahr und hängen ausschließlich vom Gewinn ab.

Vermietertum, wie es bei Ihnen existiert, ist bei uns unbekannt. Die Raubgier, die in Ihrem ungerechten System zu einem Eigentum zugelassen wird, in dem es überhaupt keine Konkurrenz geben kann, und der es gleichzeitig erlaubt ist, sich der unbegrenzten Konkurrenz zu bedienen, die der Druck der öffentlichen Notwendigkeit hervorruft, hat bei uns weder Halt noch bleibenden Platz Planet. In unserem System werden Sie erkennen, dass jede Steigerung der Landgewinne vom Pächter mit einer Erhöhung der Pacht beglichen wird und dass alle natürlichen Ursachen, die den Wert des Grundbesitzes steigern, zum Staatseinkommen beitragen und auf diese Weise geteilt werden von allen. Unsere Regierung bezieht ihren Lebensunterhalt ausschließlich aus der Miete, und es sind keine weiteren Steuern oder Abgaben bekannt. Mit einem Prozentsatz des Gewinns aus der

Nutzung des Landes, der für den Pächter niemals eine Belastung darstellt, ist es in die Lage versetzt worden, landwirtschaftliche und kommunale Verbesserungen und Unternehmungen durchzuführen, die ein einzelner Eigentümer niemals unternehmen würde, und hat es in seinem Interesse gefunden. Es hat unsere Sümpfe trockengelegt und unsere Wüstengebiete auf die effizienteste Weise zurückerobert, ohne dass wie bei Ihnen die Notwendigkeit bestand, ein anspruchsvolles Monopol zu schaffen, das der Industrie den Löwenanteil der Gewinne aus der Arbeit abverlangen würde.

Das Interesse der Regierung an unserem kommunalen Fortschritt aufgrund ihrer Beteiligungen hat sie dazu veranlasst, die sanitären Unternehmungen, die das Stadtleben sicher und angenehm machen, auf die umfassendste Art und Weise durchzuführen. Mit den Vorteilen des alleinigen Eigentums an Stadtgrundstücken ist es möglich, bestimmte einheitliche Geschmacksregeln im Haus- und Straßenbau durchzusetzen, die unsere Städte so vollständig und harmonisch gemacht haben wie einzelne Kunstwerke; Ihre symmetrischen Kombinationen aus Linien und Kurven treffen so konsequent aufeinander wie in einer separaten architektonischen Erhebung.

Wie ich Ihnen bereits angedeutet habe, ist die Pflege des Schönen in Kunst und Natur Teil unserer Religion, und wir frönen der Befriedigung ästhetischer Neigungen als einem der größten Reize des Lebens. Unsere Regierung errichtet keine Gebäude außer öffentlichen, und in ihrer Konstruktion und Ausstattung manifestiert sich die universelle Liebe zum Großartigen und Schönen, die überall vorherrscht. Ihre Vorstellungskraft ist kaum in der Lage, sich die Pracht unserer Kulttempel und die bezaubernden Perspektiven unserer Straßen und Autobahnen vorzustellen. Doch selbst unsere fleißige Aufmerksamkeit für all diese wohltuende Wirkung für das Auge wird im Vergleich zu den vorherrschenden gesundheitsfördernden Maßnahmen und Vorschriften als zweitrangig angesehen.

Allein aus den Grundrenten jeder Gemeinde wird jeder Einwohner kostenlos und reichlich mit Wasser, Licht und Wärme versorgt; und aus derselben Einnahmequelle wird eine vollständige Versicherung gegen individuelle Verluste durch Unfälle bereitgestellt, und alle unsere Toten werden kostenlos an Verwandte und Freunde entsorgt. Wir legen keine Leichen in die Erde, wie Sie es tun, da eine solche Praxis nicht nur barbarisch, sondern auch gefährlich für die Gesundheit der Lebenden ist. Im Gegenteil, wir löschen sie auf eine Art und Weise aus, die sich aus dem Mangel an erforderlichen Fortschritten in der chemischen Wissenschaft nicht ableiten lässt. Seit unserer Entdeckung der elementaren Einheit haben wir die Macht, alle Materie in ihren ursprünglichen Zustand zu versetzen, und es tut uns gut, dass mit unseren chemischen Mitteln und der gebührenden Feierlichkeit keine Spur von den Toten übrig bleibt, außer ihrer Erinnerungen.

Um Ihnen den deutlichen Unterschied in der Auswirkung von privatem und staatlichem Landbesitz auf Arbeit und Industrie aufzuzeigen, wollen wir die Institution und den Fortschritt einer Ihrer Städte im Vergleich zu einer unserer Städte verfolgen. Diese Kombinationen individueller Unternehmungen sind auf eurem Planeten in allen Wachstumsstadien zu finden und können von euch in dieser Umgebung am bequemsten in ihren früheren Entwicklungsperioden beobachtet werden. Sie werden meist auf zufällige Weise mit Ihnen gegründet, wobei einige wenige Einzelinteressen den Kern bilden, um den sich Kapital und Arbeit unter der Aussicht auf ein Bevölkerungs- und Handelswachstum zusammenziehen, um die verschiedenen nachgefragten Industrieprodukte zu liefern und herzustellen . Die gesamte Landfläche Ihrer neuen Stadt, einschließlich ihrer voraussichtlichen Grenzen, wird sofort und zu geringen Kosten von einem einzelnen oder einer kleineren Anzahl von Eigentümern nach Gesetzen angeeignet, die für ihre Zwecke geeignet sind. Von diesem Zeitpunkt an beginnen die außergewöhnlichsten Anforderungen an die Industrie. Jeder Hammerschlag und jede Umdrehung des Schwungrads erhöht den Wert dieser Besitztümer, bis in kurzer Zeit weder der Preis noch die Rente dafür begrenzt sind, sondern die Fähigkeit der Industrie, die Steuer zu ertragen.

In der frühen Wachstumsphase Ihrer Stadt gibt es Bedingungen, die später verschwinden. Arbeit wird besonders bevorzugt. Die Nachfrage danach ist so groß wie das Angebot, wenn nicht sogar größer, und seine Ersparnisse ermöglichen es ihm, durch kleine Investitionen an der stetigen Steigerung der Bodenwerte teilzunehmen. Ihre neue Stadt, vorausgesetzt, sie ist eine Metropole, ist mit allen Elementen des Wohlstands ausgestattet. Kapital kommt reichlich aus dem Ausland, angeregt durch die Möglichkeiten gewinnbringender Investitionen, und Arbeitskräfte werden gleichermaßen durch hohe Löhne angezogen. Die Bevölkerung wächst zusammen mit allen Industrieunternehmen, und Ihr Land, bequem in kleine Parzellen aufgeteilt, wechselt den Besitzer von einem Käufer zum anderen, wobei jeder einen zufriedenstellenden und ansehnlichen Gewinn erzielt. Der monopolisierende Einfluss des Landbesitzes ist aufgrund der großen und unbewohnten Fläche und der Erleichterung für alle beim Erwerb von Eigentumsrechten im Allgemeinen nicht spürbar. Die Arbeiterbewegung erlebt eine Ära bemerkenswerten Wohlstands sowohl außerhalb als auch innerhalb der Grenzen Ihrer Stadt. Ihre Regierung hat ihr Millionen Hektar fruchtbares landwirtschaftliches Land gespendet, dessen Fläche zum größten Teil keinen großen Kapitalaufwand erfordert, um sie für landwirtschaftliche Zwecke nutzbar zu machen; und insgesamt zeigen die allgemeine Zufriedenheit und Sparsamkeit, dass alle materiellen Interessen gleichermaßen gerüstet und im Kampf des Lebens einheitlich erfolgreich sind. Die Arbeiterschaft geht freudig ihrer täglichen Arbeit nach und kehrt mit einer Hoffnung und einem Ehrgeiz, die sie selten zuvor gekannt haben, zu ihrem üppigen Vorstand zurück. Alle menschlichen Absichten scheinen in einem blühenden Zustand zu sein, mit der Ausnahme, dass, wie nebenbei bemerkt werden kann, Ihre Religion in dieser Zeit ohne die übliche Aufmerksamkeit und Unterstützung ins Wanken gerät.

Wir gehen davon aus, dass Sie sich jetzt am Ende des zweiten Jahrzehnts in der Geschichte Ihrer Stadt befinden und aufgrund des Fortschritts Ihrer Gesellschaft und Zivilisation viele Veränderungen zu beobachten sind. Ihre Metropole könnte derzeit etwa einhundertfünfzigtausend Einwohner umfassen. Der Marktwert seiner Landfläche, etwa drei Meilen im Quadrat, ist seit dem Regierungspreis, zu dem es von einem oder einem halben Dutzend Käufern erworben wurde, von etwa siebentausend auf dreihundertfünfzig Millionen Dollar und den Gesamtwert gestiegen der darauf befindlichen Industrieprodukte können vernünftigerweise auf eine ähnliche Summe geschätzt werden. Mit den Privilegien und der Partnerschaft, die die Arbeiterschaft bei dieser großen Wertsteigerung genossen hat, ist sie bisher ruhig und zufrieden; aber leider ist das unvermeidliche Ergebnis nicht so vielversprechend. Die bösen Auswirkungen Ihres Privateigentums werden immer deutlicher, je weiter Ihre Stadt voranschreitet und wenn Ihre Grundbesitzer unter der Eingebung menschlicher Gier und Selbstsucht ihren Raubzug auf die Industrien der Stadt begonnen haben. Sie verlangen von Ihnen jetzt eine Steuer allein in Form der Grundrente, die jährlich den Zwanzigstel aller Industrieprodukte auf ihrem Besitz verbraucht. Diese enorme Steuer wird erhoben, ohne dass irgendeine Gegenleistung außer dem Privileg einer Wohnung erbracht wird.

Ihre Einwohner sind aufgefordert, auch für die Notwendigkeiten der Regierung zu sorgen, und deshalb wird eine zusätzliche Steuer erhoben, die von den Gewinnen aus Arbeit und Kapital einen Betrag in Höhe des Zehntels aller ihrer Ersparnisse abzieht. Weil das Privileg, Landbesitzer zu werden, für alle gleich ist und die Hoffnung der meisten von Ihnen ist, haben Sie die Umwandlung dieses Geschenks der Natur in ein Monopol zugelassen, das willkürlichste und aufwendigste, das man sich vorstellen kann.

Dieses Geschenk der Natur ist jedoch nicht das einzige, das von seiner gerechten Verteilung abgelenkt wird und zum Material ungerechter Forderungen werden darf. Der Prozess der Wasser-, Wärme- und Lichtversorgung, der so offensichtlich zu den Aufgaben Ihrer Regierung gehört, ihn einzurichten und zu überwachen, unterliegt, wie Ihr Land, der Verwaltung und Kontrolle von Privatpersonen; Auf diese Weise werden diese unverzichtbaren Elemente des Lebens und der Bequemlichkeit in Geldverdiener für Wohlstand umgewandelt und die Gewinne der Industrie und die Ersparnisse der Arbeit in unnötigem Maße abgezogen.

Wir gehen nun davon aus, dass Ihre Stadt am Ende ihres vierten Jahrzehnts angelangt ist. Seine Bevölkerung hat sich verdoppelt und sein Landwert hat sich vervierfacht; Aber es fällt auf, dass Ihre Industrieprodukte in ihrem Wert mit dieser enormen Wertsteigerung nicht Schritt gehalten haben und dass allein Ihre Grundzinsen jetzt alle zehn Jahre die gesamten Kosten aller Gebäude und ihres Inhalts verschlingen. Mit anderen Worten: Alle zehn Jahre wandert jeder Rest der angesammelten Arbeitskraft Ihrer Stadt in die Taschen ihrer Grundbesitzer. Veränderungen zeichnen sich nun im gesellschaftlichen Leben ab. Der Wettbewerb hat nun die Löhne der Arbeit gesenkt und sie hat beinahe ihre Fähigkeit verloren, an einigen der kleineren Kapitaloperationen teilzunehmen. Die Kämpfe immer größerer Zahlen, genau derselbe Einfluss, der die Löhne gedrückt hat, haben das Land vorangebracht. Die Labour-Partei hat viel von ihrem alten Elan und ihrer Hoffnung verloren. Während die Preise für Kleidung und Lebensmittel, die Produkte der eigenen Industrie, gefallen sind und die Tendenz besteht, das verringerte Einkommen auszugleichen, sind alle anderen Lebenshaltungskosten stark gestiegen. Um ihm den ihm gebührenden Platz mit ehelichen Ambitionen und Hoffnungen zu geben, wird von ihm der bemerkenswerte Anteil von einem Viertel seines hart verdienten Lohns allein als Grundrente verlangt, für einen Wohnsitz inmitten einer Region, die nichts anderes als seine eigenen Energien hat aus einer Wildnis hervorgegangen. Alle Gaben der Natur außer der Luft und dem Sonnenschein sind ohne die Ladung eines Abfangmediums unzugänglich. Die wärme- und lichtspendenden Materialien der Erde sowie Wasser, das nützlichste und reichlichste von allen, werden ihr zugeführt, belastet mit allen Kosten und Gewinnen, die von einer organisierten und verantwortungslosen Handvoll weniger erhoben werden.

Das in euren Industrien eingesetzte Kapital stellt sich auf alle diese Belastungen ein und verhält sich ruhig unter ihnen, weil es sich durch die Übertragung aller Ausgaben und Kosten auf Preise leicht vergüten kann. Einen solchen Ausweg gibt es für die Arbeit nicht, die diese Monopolforderungen nicht nur direkt bezahlt, sondern als Verbraucher auch indirekt verpflichtet ist, einen großen Teil dieser Kapitalrechnungen zu bezahlen. Das Kapital bleibt mit diesen außergewöhnlichen Anforderungen aus einem anderen Grund zufrieden. Alle Monopolunternehmen, insbesondere das Landmonopol, stellen für ihre überschüssigen Erträge die sichersten und profitabelsten Investitionsreservoirs dar, und wenn sie nicht bereits daran beteiligt sind, freuen sie sich auf eine Beteiligung an ihren Gewinnen.

Sie können also leicht verstehen, warum die Werktätigen Ihrer Stadt in dieser Periode ihrer Geschichte Anzeichen dafür zeigen, dass sie wieder in den abhängigen Zustand verfallen, der sie anderswo auf Ihrem Planeten kennzeichnet. Einige von ihnen schaffen es mit großer Zurückhaltung und großer Erwerbssucht, einen Teil ihres Einkommens beizubehalten, aber die Spanne zwischen Einnahmen und Ausgaben ist so gering, dass eine solche Praxis nicht allgemein üblich ist. Aus den lähmenden Wechselfällen des Lebens und einer durch mangelnden Ehrgeiz hervorgerufenen Sorglosigkeit in der Gewohnheit entsteht also jener belastende Zustand der Existenz, der auf unserem Planeten unbekannt, aber auf unserem Planeten durchaus üblich ist, wo ein Mensch über reichliche Vorräte an Nahrung und Kleidung verfügt Die Menschen, die ihn umgeben, leiden unter genügend davon, um seine gemäßigten Bedürfnisse zu befriedigen. Die Armut, die zuvor nur ausnahmsweise und sporadisch aufgetreten war, nimmt jetzt das Ausmaß einer zahlreichen Klasse unter euch an, und aus der Mangel an Wissensmöglichkeiten tritt das Verbrechen ebenso selbstverständlich hervor wie Unkraut in einer vernachlässigten Landwirtschaft.

Eine weitere und bedeutende Veränderung zeichnet sich nun in Ihrer sozialen Lage ab. In den ersten Phasen der Existenz Ihrer Stadt wurde kein Geld investiert, außer als Kapital. Jeder auf diese Weise ausgegebene Dollar war von der Arbeiterschaft geteilt worden. Jede Vermehrung des Kapitalvolumens bringt den Arbeitenden einen entsprechenden Wohlstand; Aber die Akkumulationen aus den Kapitalgewinnen sind im Allgemeinen nicht hinzugekommen, und in vielen Fällen wurde das Kapital selbst in die vielen profitablen Monopolunternehmen abgeführt, die es im Überfluss gibt. Diese gedeihen jetzt wie nie zuvor. Die Zunahme der Bevölkerung und des Handels hat die verschiedenen Industrien zu einer Steigerung des Angebots angeregt, doch die Preise aller Waren werden nicht erhöht, sondern gesenkt. Der freie und offene Wettbewerb innerhalb der Bereiche von Kapital und Arbeit hat dies bewirkt ; Für beides nicht sehr nachteilig, denn der Produzent in einem Industriezweig ist in vielen anderen ein Konsument, und das Kapital hat sein Geschäftsvolumen erhöht, um geringere Gewinne auszugleichen. Aber innerhalb der Grenzen Ihrer Stadt gibt es die für Ihren Planeten typischen Vorrichtungen zum Geldverdienen, bei denen die natürliche Wirkung des Wettbewerbs völlig umgekehrt und das universelle Gesetz von Angebot und Nachfrage völlig außer Kraft gesetzt ist. Das Schlimmste und Verheerendste davon ist Ihr System des Landbesitzes.

In dieses und das andere Ihrer Monopole schüttet das Kapital seinen Überschuss aus und zieht sich schließlich mit seinen Akkumulationen zu ihnen zurück, verlässt seine Partnerschaft mit der Arbeit und tritt in der neuen Form des Reichtums auf die Bühne. Aus wenigen Fällen, die so selten waren, dass sie auffielen, sind Ihre Besitzer großer Geldansammlungen heute eine zahlreiche und einflussreiche Klasse. Während Ihre Gesellschaft auf der einen Seite in Armut versinkt, blüht sie auf der anderen Seite mit Anzeichen ungewöhnlicher Sparsamkeit auf. Mit der Zunahme des Luxus einerseits und der Not andererseits nähert sich Ihre Stadt nun dem Normalzustand. Ein paar Jahrzehnte später wird es in sich jene Beziehungen zwischen Reichtum, Kapital und Arbeit etabliert haben, die ebenso unvermeidlich das Ergebnis Ihres Landbesitzsystems sind, wie Dürre und Hungersnot das Ergebnis eines Mangels an Feuchtigkeit im Boden sind.

Wir werden jetzt sagen, dass Ihre Stadt eine halbe Million Einwohner hat. Seine Fläche vergrößert sich nicht im Verhältnis zur Bevölkerungszunahme, da die Platzkosten zu einer größeren Ansammlung von Häusern und Menschen führen. Ihre Arbeitsprodukte und das Land, auf dem sie ruhen, sind in ihren Werten so ständig voneinander abgewichen, dass Ihre Stapel von Waren, Waren und Häusern jetzt, trotz der erzwungenen Raumökonomie, zu ihrem Marktwert verkauft werden , würde nicht mehr als ein Viertel genug Geld aufbringen, um den Boden unter ihnen zu kaufen. Diese enorme Wertsteigerung Ihres Stadtgrundstücks ist hauptsächlich das Ergebnis der Möglichkeiten, die seine Eigentümer nutzen, um die Industrie auszubeuten, und in diesem Stadium können die folgenden sehr bemerkenswerten Bedingungen beobachtet werden: Während die eigentliche Hauptstadt der Stadt in der Nähe ist Bei einem Gesamteinkommen von etwa dreihundert Millionen Dollar und einer Zahl seiner Arbeiter in der Industrie von etwa einhunderttausend wird ein Viertel des Gesamteinkommens von Arbeit und Kapital durch die Forderungen Ihrer Grundbesitzer weggeschwemmt, allein die geschätzte Grundrente. Und diese enorme Forderung, bedenken Sie, wird ohne Gegenleistung auferlegt. Keiner Ihrer Ökonomen wird leugnen, dass dieser enorme Abfluss nicht direkt von der Industrie Ihres Volkes herrührt und dass seine erschöpfenden Auswirkungen täglich in den sich allmählich verhärtenden Linien im Leben derer sichtbar werden, die arbeiten. In einer frühen Zeit besaßen von 100 Ihrer Arbeiter 20 Personen einen Teil der Fläche Ihrer Stadt. Heutzutage sind nur noch vier Prozent Landbesitzer, und innerhalb weniger Jahrzehnte werden nicht mehr als fünf von Tausend ohne die faktische Zustimmung eines aufsichtsführenden Grundbesitzers leben oder ihrem Beruf nachgehen, auf dessen Gnade sie, wenn sie von Vertreibung oder Erpressung Abstand nehmen, bleiben werden ständige Unsicherheit.

Das Eigentum an Ihren Stadtgrundstücken wird nun fast ausschließlich in die Hände Ihrer Freizeitschicht übergegangen sein; und die riesigen Geldsummen, die jeden Monat für die Miete abgezogen werden, werden jetzt, anstatt wie früher teilweise als Kapital zurückgegeben zu werden, um die Arbeit in den verschiedenen Industrieunternehmen zu unterstützen, entweder im Luxus verschwendet, in neue Besitztümer ausgegeben oder in einige der vielen investiert Monopolunternehmen der Zeit. Die Auswirkungen dieser ungerechten Belastung sind täglich spürbar. Es reduziert die möglichen Arbeitseinsparungen und die Anhäufungen der

Industrie auf ein solches Minimum, dass der Erfolg in diesen Bereichen eher die Ausnahme als die Regel ist. Es ist vor allem diesem Landmonopol zu verdanken, dass das Leben eurer Massen ein ständiger und ununterbrochener Kampf ist; Und darauf ist mehr als alles andere die ungleiche Verteilung des Reichtums zurückzuführen, die nur den Wenigen die Bildung und das Wissen ermöglicht, die sie erheben, und die die Vielen zu einem unaufhörlichen Kraft- und Muskelschwund verdammt, um sich selbst zu ernähren.

Es ist eines der vielversprechendsten Zeichen Ihres Schicksals, dass Sie die Beobachtung gemacht haben, dass die Menschheit inmitten der Zivilisation überall dort, wo sie von den Sorgen der Nahrungsversorgung am freisten ist, dazu neigt, ihre Freizeit der Kultivierung des Geistes zu widmen. Die Grobheit und Vulgarität der einen und die Feinheit der anderen sind ausschließlich auf die unterschiedlichen Entwicklungsmöglichkeiten zurückzuführen, und zwischen diesen beiden muss immer eine große Abstoßung bestehen. Was können Sie also von der Menschheit als Ganzem Gutes erwarten, solange durch Ihre Methoden nur wenigen die Möglichkeit zum Wissen gewährt wird?

Die Kräfte, die in eurer Gesellschaft am Werk sind, haben nun, sagen wir , eure Bevölkerung und eure allgemeinen Bedingungen auf den Standard gebracht, den man in den älteren Teilen der Erde finden kann. Ihre Armut ist größer und weiter verbreitet, mit der entsprechenden Zunahme der Kriminalität, während Ihr Reichtum großzügiger und protziger geworden ist. Angetrieben von den Notwendigkeiten des Lebens und einer mutigen Nachahmung werden alle Ihre Branchen in höchstem Maße tätig sein. Die angesammelten Arbeitsprodukte und ihre vervielfachte Aktivität haben Ihnen den Anschein von Wohlstand und Erfolg verliehen. Aber während Sie im Laufe Ihres Fortschritts neue Notwendigkeiten und Wünsche geschaffen haben, haben Sie keine gerechten Vorkehrungen getroffen, durch die diese möglichst gleichmäßig geteilt werden könnten; und infolgedessen waren die scheinbaren sowie die stillen und verborgenen Nöte des menschlichen Lebens nie größer.

Es ist jetzt eine deutliche Zunahme der Verbreitung und des Einflusses Ihrer Religion zu beobachten. Wenn die Hoffnung auf Erfolg im Leben schwindet und der Kummer und die Nöte durch eure ungleichmäßigen Kämpfe zunehmen, wenden sich die leidenden und enttäuschten Massen ganz natürlich einer anderen Existenz zu, um das zu erlangen, was ihnen dadurch verwehrt wurde; Und man kann von allen euren religiösen Theorien sagen, dass ihre Erfindungen, die euch die Verbrechen der Autorität klaglos ertragen lassen sollen, die besten sind, die man sich hätte ausdenken können. Die wenigen unter Ihnen, die die Fülle des Lebens genießen, umgeben von dieser Not und Entbehrung, deren Stimmen sie sich nicht entziehen können und deren starken Armen sie nicht entgehen können, wenden sich instinktiv

Ihren religiösen Lehren zu, mit einem Gefühl der Sicherheit und des Schutzes. Die wenigen Begünstigten sind sich angesichts der großen Schar ihrer weniger glücklichen Brüder bewusst, dass der Überfluss, dessen sie sich erfreuen, zweifelhaft erworben wurde, und sie sind schnell bereit, die bequeme Rechtfertigung anzunehmen, die die größeren Übel und Lasten der Vielen einem zuschreibt vorgefasste und unabänderliche Anordnung des göttlichen Willens.

KAPITEL IX.

BEVOR wir eine unserer Städte vergleichen, müssen wir Ihnen einige der Prozesse erklären, die unsere heutige Zivilisation ermöglicht haben. Aus dem, was ich gesagt habe, können Sie bereits den sehr auffälligen Unterschied zwischen der Gesellschaft auf dem Mars und der auf der Erde in der Handhabung von Arbeitsinteressen erkennen. Auch wenn die Arbeit trotz Ihrer nachlässigen und gleichgültigen Behandlung weiterhin entwürdigend ist, haben wir sie zu einer Ehrensache erhoben. Wir sind zu unseren Behandlungsmethoden durch jene philosophische Induktion gelangt, die uns die vielen zuverlässigen und unfehlbaren Beschlüsse des göttlichen Willens interpretiert hat. Die Natur, von der wir in allem, was wir über die höchsten Wünsche wissen, abhängig sind, hat unzweifelhafte Zeichen dafür geliefert, dass körperlicher Fleiß eine rettende und heilsame Eigenschaft ist, die untrennbar mit der Intelligenz im weiteren Sinne, wie wir sie kennen, verbunden ist und auf der die Existenz alles Materiellen beruht Dinge ruhen. Aber selbst die Aktivitäten der Natur sind für die Festigkeit der Erde nicht unerlässlicher als die individuelle geistige und körperliche Energie für das Wohlergehen und den Fortschritt Ihrer Gesellschaft. Da eine dieser Energien für die Wirtschaft der Welt genauso nützlich ist wie die andere, können wir uns keinen Grund vorstellen, warum man zulassen sollte, dass eine von ihnen die andere dominiert; noch, wie Sie sich rechtfertigen können, wenn Sie dem einen alle Ehren und Bezüge zukommen lassen, während Sie dem anderen gegenüber einen Kurs verfolgen, der ihm Chancen verweigert und ihm in jeder Hinsicht eine schlechtere soziale Stellung beschert.

Wir begegneten diesen natürlichen Tendenzen schon vor langer Zeit mit der Entschlossenheit, die Lasten des Lebens unter allen Klassen so weit wie möglich auszugleichen, und auf dieses Ziel haben wir unsere Bemühungen hauptsächlich darauf ausgerichtet, die Interessen derer zu wahren, die durch einen Kampf für das Wohlergehen der Menschen aufrechterhalten werden Lebensnotwendigkeiten sind zur Arbeit verpflichtet. Es folgten einige sehr bemerkenswerte Ergebnisse. Wir haben den Grad der Gerechtigkeit erreicht, bei dem der geschickte Handwerker allein aufgrund seiner handwerklichen Geschicklichkeit einen gewissen Rang in unserer Gesellschaft erlangen kann und dessen Beruf keinem anderen auf unserem Planeten untergeordnet ist. Wir haben eine sehr zahlreiche Klasse unter uns, die in der besten Interpretation Ihrer Sprache als Industrieoffiziere bekannt ist und sich wahrere und dauerhaftere Ehre sichert als Ihre militärischen Helden. Unsere Bewunderung für sie ergibt sich aus der Tatsache, dass sie dazu beitragen, die Abfälle jener Industrieprodukte, die unser Leben erhalten, wiederaufzubauen und zu restaurieren. Die offiziellen Noten unter diesen entsprechen in gewisser Weise Ihrem Militärsystem. Ihre Amtsabzeichen werden ständig auf ihrer Kleidung getragen, und es ist die Hoffnung aller, in dieser Linie eine Auszeichnung zu erlangen, denn ohne das Amtsabzeichen in einigen dieser Besoldungsgruppen zu tragen, ist eine soziale oder politische Unterscheidung schwierig. Durch Methoden, die schon lange in Mode sind, haben wir unsere intellektuelle und manuelle Ausbildung so vereint, dass es keine soziale Trennung zwischen ihnen geben sollte. Doch während auf die geschickte Verfolgung eines der beiden Wege die gleiche Auszeichnung wartet, werden die höchsten Auszeichnungen von denjenigen erlangt, die sich auf beiden Wegen auszeichnen. Folglich werden unsere Jugendlichen, ermutigt von ihren Eltern und Lehrern, den Qualitäten der körperlichen Ausdauer, die mit der Arbeit einhergehen, nacheifern und erfüllen ihre Bedingungen unter den Werktätigen mit einem Willen, den nur ein hoher Ehrgeiz hervorbringen kann. Diese größere Achtung und Rücksichtnahme gegenüber der physischen Industrie als bei Ihnen wäre unmöglich gewesen, wenn wir nicht die verschiedenen Ursachen vermieden hätten, die sie entweder unterdrücken oder schwächen. Erstens haben wir beschlossen, dass es einen angemessenen Anteil an seinen Erträgen erhält. Hauptsächlich um dies zu fördern, haben wir angeordnet, dass kein einzelner Landbesitzer es berauben darf, indem er sich die Wertschätzung aneignet, die sein Fleiß hervorbringt. Zu diesem Zweck haben wir auch dafür gesorgt, dass Reichtum und Kapital nicht durch die verschiedenen Monopolerpressungen, die Sie gemeinsam haben, unter Druck geraten. Aber ein Maß an Gerechtigkeit, das kaum weniger wirksam ist als diese, um die Arbeit anzuheben und zu erhalten, ist unser Regierungssystem zur Festsetzung seiner Lohnsätze.

Aus dem Gesagten wird es Ihnen nicht schwer fallen zu glauben, dass ein Arbeiter bei uns eine ganz andere Stellung in der Gesellschaft einnimmt als bei Ihnen. Auf der Erde ist er, getrieben von den Notwendigkeiten des Lebens und einer grausamen und hemmungslosen Konkurrenz, gezwungen, auf fast alle Gelegenheiten zu verzichten, die den Geist verfeinern und erheben. Er hat wenig Freizeit, ohne die Depression der Muskelermüdung. Seine Kleidung ist das Zeichen der Minderwertigkeit in Ihrer sozialen Rangordnung, und er stapft auf seiner ermüdenden, hoffnungslosen Reise voran und erträgt seinen Zustand als einer, der durch ein unaufhaltsames Schicksal dem Verbot besserer Dinge unterworfen ist. Keine Kompetenz belohnt seine unermüdliche Arbeit, obwohl er mit der Geschicklichkeit seiner Hände den Reichtum der Welt aufbaut. Dem Schmutzigen und Gerissenen kommt Reichtum an Besitztümern und Ländereien zugute; während ihm nur das Privileg zusteht, im Haus eines anderen zu wohnen und an dieser Kost teilzunehmen, deren Hauptqualität darin besteht, die vergeudeten Energien seines Körpers wiederherzustellen.

Bei uns wird die Ausübung der Handarbeit zu besseren Konditionen begleitet. Indem es der Industrie ihre rechtmäßigen Belohnungen sicherte, wurde es aus freien Stücken und nicht aus Zwang übernommen, als beste Möglichkeit, Unabhängigkeit zu erlangen. Da es keinen Weg zum Reichtum gibt, außer durch die herausragenden Eigenschaften von Fleiß und Klugheit, sind Fleiß und Redlichkeit die unverzichtbaren Eigenschaften, die zur oberen Schicht unserer Gesellschaft führen. Auf diese Weise werden Sie feststellen, dass die natürlichen Gesetze des Fortschritts und der Entwicklung dazu ermutigt werden, ihre positiven Ergebnisse im Leben jedes Einzelnen zu entfalten.

Da alle von der Wiege bis zur Bahre mit den lebendigen Belohnungen des Guten umgeben sind, brauchen wir keine Predigten. Wir kennen kein vergoldetes Laster. Es bringt bei uns keine Früchte außer Zerstörung. Sie predigen dagegen und belohnen es im gleichen Atemzug. Du prangerst es mit leeren Worten an und würdigst es im nächsten Moment mit einer Verbeugung. Sie befürworten den umfassenden Schaden, den Ihr System jedem Einzelnen zufügt, und hoffen, im Wettstreit die Verluste anderer einzustreichen. Der wünschenswerteste Lebenszustand bei Ihnen ist der, in dem der Erwerb von Reichtum persönliche Befriedigung bringen soll, die in den meisten Fällen durch eine Reihe öffentlicher und privater Fehler erreicht wird. Die besseren Lebensbedingungen bei uns werden durch die Befruchtung unzähliger Pläne für das Gemeinwohl erreicht.

Sie sollten nicht den Fehler machen, wenn Sie annehmen, dass unsere Gesellschaft auf dem toten Niveau der Gleichheit angelangt ist. Bei uns gibt es keine Kasten wie bei Ihnen, die sich durch deutliche Unterschiede im Reichtum voneinander unterscheiden. Aber wir haben soziale Stufen, wie Sie es haben, mit dem großen Unterschied, dass jeder die Freuden, die in Reichweite liegen, unbeneidet genießt; Nicht zuletzt besteht es darin, sowohl die Sorgen als auch die Freuden des Lebens miteinander zu teilen. Das Gefühl der Verachtung füreinander ist bei den Menschen auf dem Mars völlig unbekannt. Wir haben dafür gesorgt, dass es in unserer Gesellschaft keine ungebildete und vulgäre Schicht gibt, die man bemitleiden oder verurteilen könnte, wie Sie es getan haben. Die gleichmäßige Gerechtigkeit unseres Systems hat allen die gleichen Chancen auf Wissen und Bildung beschert. Infolgedessen gibt es auf unserem Planeten kein Individuum, das einem anderen überlegen wäre, es sei denn, er übt eifriger seine geistigen oder körperlichen Gaben aus oder kultiviert seine spirituelle Natur stärker.

Ein deutliches Zeichen unserer fortgeschrittenen sozialen Entwicklung ist, dass wir die Ausführung jeder Handlung, die unseren Mitmenschen auch nur im entferntesten Schaden zufügt, völlig ablehnen; Während Sie in der starken Selbstsucht Ihres gegenwärtigen Zustands ständig die Interessen des anderen opfern. Wenn Gefühle wie diese vorherrschen, ist es für Sie leicht zu verstehen, warum wir keine Klasse unter uns haben, die ständig unter ungünstigeren Bedingungen steht als eine andere Klasse, und warum wir im

Einklang mit der großen Lektion der Natur, die uns alle auf der Grundlage der Gleichheit ins Leben geschickt hat, handeln und Wir haben auf jede erdenkliche Weise festgelegt, dass die Reise danach für alle fair und gleich sein soll.

Es ist für Sie nicht möglich, das, was ich Ihnen in der Beschreibung unserer Gesellschaft im kommunalen Leben vorlege, vollständig zu verstehen oder zu würdigen, ohne einige unserer Methoden näher zu kennen. Eines der wichtigsten davon ist die Perfektion, die wir unserer Statistikwissenschaft verliehen haben, und der unverzichtbare Dienst, den sie in unserer politischen Ökonomie leistet. Dieser Zweig der Wissenschaft wird von uns als der nützlichste und praktischste von allen betrieben. Wir lernen daraus auf positive Weise viele Wahrheiten, zu denen Ihre Ökonomen nicht gelangen, und wir haben dadurch viele Fehler entdeckt, die als Ergebnis sophistischer Überlegungen existierten. Wir verwenden es als Maßstab und Maßstab, um die Spekulationen der Philosophie zu messen, aber auch als alltäglichen Leitfaden für die praktischen Angelegenheiten des Lebens. Sein größerer Wert für uns liegt in der Tatsache, dass unsere Schlussfolgerungen aus den Aufzeichnungen von Jahrhunderten abgeleitet sind. Für die Sozialwissenschaft ist sie das, was die Analyse für die Chemie ist. Nur durch eine systematische und geordnete Aufzeichnung der Ereignisse in der Natur sowie der Veränderungen und Ereignisse der Gesellschaft sind wir zu den vielen tiefgreifenden Wahrheiten gelangt, die unser Leben so tief berühren. Dadurch haben wir herausgefunden, wie erstaunlich die Natur so viele ihrer Vorgänge vor den Augen der Allgemeinheit verbirgt und sozusagen mit uns kokettiert, indem sie ihre größten Gefälligkeiten ohne lange und unaufhörliche Befragung zurückhält. Aber obwohl unser wissenschaftlicher Wissensschatz durch diese statistischen Arbeiten erweitert wurde, halten wir sie für nicht weniger wichtig für die Bewältigung der praktischen Angelegenheiten des Lebens.

Unser Statistikamt ist ohne Frage die wertvollste Abteilung unserer Regierung. Es wurde durch jahrhundertelange Praxis und Verbesserung zu seinem perfekten Zustand gebracht, und auf ihm beruht in hohem Maße der Wohlstand und das Glück unseres Volkes. Dadurch werden wir vor allem in die Lage versetzt, unsere Bevölkerung vor den Nöten der Überproduktion und dem zufälligen Auftreten einer ungleichmäßigen Nachfrage nach Arbeitskräften zu bewahren. Ihre Erfahrung hat Ihnen gezeigt, dass in Zeiten einer Depression die Ursachen offensichtlich waren. Wir haben lediglich dafür gesorgt, dass wir diese Ursachen vorhersehen, allgemeine Alarm schlagen und ihnen zuvorkommen. Abgesehen von den Mängeln Ihrer Währung und Ihrer Spekulation, die die ergiebigsten Ursachen für industrielle Katastrophen sind, kommt diese blinde Überproduktion, die völlig ungesteuert durch verlässliche oder maßgebliche Kenntnis der bestehenden Konsumkapazität ist. Sie haben zeitweise eine große Menge an fehlgeleiteter Arbeit in Form von Produkten, die sich nur langsam verkaufen lassen; und ein Angebot, das die Nachfrage so stark übersteigt, bringt vorerst nicht den vollen Gegenwert für die investierte Arbeit zurück. Diese häufigen Produktionsfehler drücken die Löhne und sind insgesamt verhängnisvoller für die Arbeit als für das Kapital; denn die Arbeit ist unterschiedlich qualifiziert und kann sich nicht ohne weiteres von einer Produktionsabteilung in eine andere versetzen und ist unter den gegebenen Bedingungen gezwungen, entweder verringerte Löhne hinzunehmen oder untätig zu bleiben. Das Kapital leidet nicht wie die Arbeit unter diesen ständig auftretenden Überangeboten. Andererseits findet es seine Chance, indem es entweder von einem niedrigen auf einen hohen Markt auf seine Renditen wartet oder indem es sein Anlagefeld wechselt. Bei diesen häufigen teilweisen oder vollständigen Aussetzungen der Produktion überversorgter Waren ist daher die Arbeit der Hauptleidtragende.

Hierfür haben wir in unserem Statistiksystem nahezu ein vollständiges Heilmittel parat. Unser Planet ist in allen seinen bewohnbaren Teilen in Bezirke unterteilt, in denen jeweils eine genaue und systematische Aufzeichnung aller verfügbaren Arbeitskräfte sowie eine Aufstellung seiner verschiedenen Klassen mit der jeweiligen Produktionskapazität geführt wird. In diesem Zusammenhang wird auch ein Konto über alle ausgelieferten Produkte geführt. Die auf diese Weise bereitgestellten Informationen bestimmen den Überschuss oder Mangel aller produzierten Waren.

Dadurch werden wir in die Lage versetzt, fast auf einen Blick die Strömung aller Arbeitsenergien zu erkennen und sie sicher zu lenken, ohne dass es zu großen Versorgungsüberschüssen kommt. Wenn wir uns mit der Produktion von Nahrungsmitteln befassen, wo die Natur zwangsläufig Teil dieser großen Kooperationsvereinbarung wird, haben wir eine Methode entwickelt, die diejenigen, die arbeiten, vor der Peinlichkeit und dem häufigen Kummer schwankender Lebenshaltungskosten bewahrt. Wir hatten beobachtet, dass die Tendenz billiger Lebensmittel, die Arbeitslöhne zu senken, und teurer Lebensmittel, sie zu erhöhen, nicht gleich war, da die Löhne unter diesem natürlichen Einfluss viel leichter gesenkt als erhöht werden konnten. Unsere Regierung hat sich daher verpflichtet, eine faire und gerechte Anpassung zwischen den Lebenshaltungskosten und den Lohnsätzen vorzunehmen, die bei Bedarf geändert werden kann.

Sie können von mir nicht erwarten, dass ich in diesen Angelegenheiten ins Detail gehe. Aber da es Ihnen vielleicht undurchführbar erscheint, wie ein willkürlicher Lohnsatz unter so vielen verschiedenen Menschen gerecht geregelt werden kann, möchte ich Ihnen einen Bericht über unser System der Einstufung der Arbeit geben, mit dem diese Schwierigkeit überwunden wird. Wir haben aus den drei Qualitäten FÄHIGKEIT, KRAFT und

AKTIVITÄT eine Grundlage geschaffen, auf der wir den Wert aller individuellen Arbeit abschätzen können. Jeder von ihnen ist in drei Stufen eingeteilt, und der am höchsten geschätzte Arbeiter ist derjenige, der insgesamt an erster Stelle steht. Bei der Schätzung des Lohns wird die erste Fähigkeitsstufe als gleichwertig mit der ersten und zweiten Kraft- und Aktivitätsstufe angesehen; und es ist kein erster Qualifikationsgrad zulässig, außer bei Industriebetrieben, die viel manuelles Training erfordern.

Der Arbeiter beginnt seine Laufbahn üblicherweise in den untersten Stufen, obwohl Kraft und Aktivität zu Beginn um eine Stufe gesteigert werden. Die Löhne aller Arbeitskräfte werden von der Regierung einheitlich festgelegt, entsprechend dem Status des Einzelnen und dem Zertifikat, das er besitzt, und ihm seinen Status im Rahmen dieser Methode zur Einschätzung seiner Fähigkeiten zuordnen. Vom mittleren Lebensalter bis ins hohe Alter kommt es in der Regel zu Veränderungen in seiner Besoldungsgruppe, und seine Lohnverteilung ändert sich folglich; aber solange er seine Fähigkeiten behält, kann er trotz des Verlusts an Kraft und Aktivität die Gewährung eines gerechten Lohns aufrecht erhalten.

Dies ist lediglich ein Überblick über unser System. Seine Bedeutung wird verständlich, wenn man bedenkt, dass wir dadurch einen einheitlichen Lohnsatz für alle festgelegt und unsere Arbeiter davor bewahrt haben, sich hilflos der natürlichen Konkurrenz abhängiger Zahlen und der anspruchsvollen Schirmherrschaft eines selbstsüchtigen und unabhängigen Menschen zu unterwerfen wenige. Obwohl wir dieses Ziel einheitlicher Löhne erreicht haben, sind wir uns der wirtschaftlichen Unmöglichkeit bewusst, sie konstant zu halten, und haben dementsprechend dafür gesorgt, dass der Satz geändert wird, um ihn an die unterschiedlichen Lebenshaltungskosten anzupassen. Deshalb erstellt unser Statistikamt jedes Jahr nach der Ernte unserer Ernte einen Bericht über die Nahrungsmittelversorgung; wenn gegebenenfalls eine Änderung des Lohnsatzes für das folgende Jahr vorgenommen wird, wodurch festgelegt wird, dass die Arbeit einen gerechten Anteil an dem von ihr produzierten Reichtum erhält.

Außerhalb des Handwerks der Arbeiter haben wir eine Skala zur Schätzung eines gerechten Lohnsatzes für alle Arbeitnehmer in beruflichen und geschäftlichen Tätigkeiten aufgestellt. Diese Anordnung basiert auf den Eigenschaften TALENT, INTELLIGENZ und FÄHIGKEIT. Jeder von ihnen ist in drei Besoldungsgruppen eingeteilt, und wer in allen Besoldungsgruppen Erster wird, hat selbstverständlich Anspruch auf die höchste Vergütung für seine Dienste. In der Regel sichern diese hohen Qualifikationen jedoch eine überdurchschnittliche Belohnung. Dieses System der Belohnung der Arbeit hat weitreichende Auswirkungen auf unsere politische Ökonomie und steht in völliger Übereinstimmung mit der allgemeinen Tendenz unserer Bemühungen, stabile Werte zu fördern. Das wichtigste Kostenelement aller zum Verkauf angebotenen Waren ist die Arbeit, und diese kann niemals verbilligt werden. Wir haben kein einziges Industrieprodukt auf unserer Liste, das in seinen Arbeitskosten, wie es bei vielen von Ihnen der Fall ist, die Schmerzen , die Ausgeglichenheit und die hoffnungslose Mühe eines Mitgeschöpfs widerspiegelt, das um die spärlichen Mittel zum Leben kämpft.

Aufgrund unserer vielen Zugeständnisse wurde die physische Industrie von dem übermäßig ermüdenden und erschöpfenden Charakter beschnitten, den Sie kennen. Ohne die Unterdrückung, die auf eurem Planeten auf ihm lastet, erreicht sein Streben nie die erzwungene Extremität, die ihm die gebogene Form und das verhärmte Gesicht verleiht.

Ein rücksichtsvoller Brauch hat unsere tägliche Arbeitszeit auf sechs Stunden festgelegt; Die Hälfte davon bietet bei gerechter Anpassung unserer Lohnsätze unter normalen Umständen einen ausreichenden Lohn, um einen liberalen Lebensgenuss zu ermöglichen. In unserem System bringen drei Stunden Arbeit pro Tag einen Anteil am Reichtum, der etwas über dem Anteil liegt, den die Arbeiter der Erde normalerweise für ihre durchschnittliche Arbeit von zehn Stunden erhalten. Unsere Industriekraft verfügt daher über die Möglichkeit, sich ohne beunruhigende Folgen auszudehnen und zusammenzuziehen, was bei Ihnen nicht der Fall ist. Bei uns ergeben sich durch die Reduzierung der Belegschaft auf die Hälfte der Arbeitszeit und die damit verbundene Halbierung des Lohns keine gravierenden Veränderungen; während ein solches Ereignis mit Sicherheit mehr oder weniger Zwicken und Elend mit sich bringt.

Durch diese sorgfältige Aufmerksamkeit für die Interessen der Arbeit haben wir sie in den Ruf einer der ehrenvollsten und zugleich profitabelsten Beschäftigungen des Lebens gebracht. Ich habe versucht, Ihnen einige Wege aufzuzeigen, mit denen dieses große Ziel erreicht wurde. Ich darf es jedoch nicht unterlassen, Sie daran zu erinnern, dass unsere Regierung, da sie sich die Durchführung unzähliger Unternehmungen zur Aufgabe macht, die auf der Erde Einzelpersonen und Organisationen von Menschen überlassen werden, ihre direkten Beziehungen zu denen, die arbeiten, intimer und umfassender ist als Ihre . Dadurch ist es besser möglich, jene Methoden in die Tat umzusetzen, die unser System auszeichnen. Der größte Teil der Energie unserer Regierung und die Weisheit unserer Staatskunst sind auf dieses Ziel der Unterstützung der Arbeit gerichtet, und daraus resultiert zweifellos die allgemeine Gelassenheit und Zufriedenheit, die vorherrscht.

KAPITEL X.

WENN unsere Behörden beschließen, dass eine neue Stadt gebaut werden soll, um den Anforderungen einer wachsenden Bevölkerungszahl gerecht zu werden und um die günstige Zusammenarbeit in Industrie- und Handelszweigen zu etablieren, die eine enge Verbindung ermöglicht, wird der Standort ganz dem Urteil der Stadt überlassen ein Gremium aus Regierungsbeamten mit Kenntnissen im Sanitär- und Bauingenieurwesen. Wenn das vorgeschlagene Grundstück, was häufig der Fall ist, bereits von einem oder mehreren Pächtern in ländlichen Gebieten bewohnt wird, werden diese gewissenhaft für alle Verluste entschädigt, die sich aus ihrer Enteignung ergeben.

Ich möchte Sie hier darauf aufmerksam machen, dass ein Pächter unter unserer Regierung eine noch größere Eigentumssicherheit genießt als Ihre Grundstückseigentümer. Der vorherrschende Gerechtigkeitssinn und ein weit verbreitetes Interesse haben das Recht eines Pächters begründet, sein Grundstück während seines Lebens gegen alle Konkurrenz zu behalten und zu genießen. Er hat nach unserem Brauch auch das Recht, seinen Besitz durch Testament zu übertragen; und es ist auf unserem Planeten allgemeiner als auf Ihrem so, dass ein Stück Land über Generationen hinweg im Besitz derselben Familie ist. Unsere Regierung übt einige Eingriffsrechte aus, um sicherzustellen, dass die Größe einer Farm so weit wie möglich solchen Dimensionen entspricht, dass kein großer Überschuss an Arbeitskräften eingesetzt wird, der über das hinausgeht, was von der Familie des Besitzers bereitgestellt werden kann. Im Allgemeinen genießt der Mieter die gleichen Eigentumsrechte, die Ihre einzelnen Inhaber gegen Gebühr haben, mit der Ausnahme, dass er das Eigentum nicht übertragen kann und keine Vergütung aus der Wertsteigerung für sich beansprucht. Seine Miete entspricht einfach Ihrer Steuer, mit dem sehr wichtigen Unterschied, dass ihre Höhe vollständig von der Produktivität der Saison abhängt und niemals eine Belastung darstellt.

Sobald die vorgeschlagene Stadt beschlossen ist, wird sie zum Gegenstand von allgemeinem Interesse. Seine Pläne werden eingereicht und genehmigt, genau wie Ihre Vorschläge für ein einzelnes Gebäude. Alle seine Teile müssen miteinander übereinstimmen; Die Wahl seines Standortes hängt hauptsächlich von der Entwässerung und der Wasserversorgung ab und besitzt diese Vorteile in höchster Vollkommenheit. Jedes Haus muss regelkonform errichtet werden. Die Arbeiten beginnen mit der Errichtung öffentlicher Gebäude im Zentrum und der Verlegung von Abwasser-, Wasser-, Wärme- und Stromleitungen durch die neu vermessenen Straßen. Die Menschen kommen dorthin, wie sie in Ihre neuen Städte kommen, um in Handel und Industrie Gewinn zu machen, und lassen sich nach Belieben unter einer festen und einheitlichen Landpacht nieder. Sie errichten Gebäude, wie Sie es tun, und variieren sie nach Belieben in ihrer inneren Struktur, richten sich aber in ihren Außenfassaden strikt nach dem Stil unserer Architekturkommission, die auch das verwendete Material sowie die Sicherheit und Dauerhaftigkeit der Arbeit überwacht. Jede verrufene oder verdorbene Seite ist nach diesem Plan natürlich ausgeschlossen; Auch könnte es in keiner unserer Städte eine solche Förderung und Verbreitung des Verbrechens geben wie in Ihrer, selbst wenn wir die Klasse von Pächtern hätten, die sie bevölkern würden. Zu den Übeln Ihres Großgrundbesitzertums gehört, dass es nicht nur das Laster durch seine Tendenz zur Verarmung Ihrer Massen fördert, sondern jederzeit bereit ist, es zu vervielfachen, indem es Raum für bequeme Vereinigungen bietet.

Das Spektakel unserer Stadt im Bau ist ganz anders als Ihres. Die Regierung hat für die Einrichtung verschiedener Arbeiten, die der Gesundheit und dem Wohlbefinden der neuen Bevölkerung dienen sollen, schätzungsweise Millionen von Geld beiseite gelegt, und Menschen aus allen Richtungen kommen zu Tausenden, um diese Arbeit zu erledigen. Jeder von ihnen ist beeindruckt von dem Gefühl und Interesse, das nur aus der Eigenverantwortung entstehen kann, und es gibt keinen einzigen von ihnen, der nicht einen Teil der Arbeit verrichtet. Niemand von ihnen hat eine Hoffnung auf Ehre und Reichtum, indem er ein Monopol auf das Land erlangt. Kein reicher Mann kommt mit seinen Ersparnissen, um ein ewiges Pfandrecht an den Industrien zu erhalten, die gerade entstehen, und um sich und seinen Nachkommen das Privileg zu sichern, täglich und für alle Zeiten einen größeren Anteil des Arbeitseinkommens zu fordern, als Ihre Sklavenhalter erzielen aus ihrer menschlichen Habe. Alle entscheiden sich für die Arbeit, weil es sowohl ehrenhaft als auch gewinnbringend ist, dies zu tun, und auch, weil es eine Pflicht ist, deren bewusste Erfüllung mit einem Gefühl des Glücks einhergeht.

Der systematische und regelmäßige Einsatz der willkürlichen Muskeln ohne übermäßige Ermüdung hat nicht nur einen wichtigen Einfluss auf die Gesundheit, sondern trägt auch dazu bei, ein perfektes und wohlgeformtes Gehirn zu entwickeln, aus dem nur ein ausgeglichener Geist hervorgehen kann, der schöpferisch ist die Kraft der Intelligenz, die Segnungen des menschlichen Fortschritts; Woher kommen nur jene besonnenen Männer, die sich unter euch dadurch auszeichnen, dass sie nie das ganze Produkt von Gelehrsamkeit sind? Es ist ein Axiom bei uns, dass derjenige, der nicht produziert, kein Recht zum Konsum hat, und diese Doktrin wurde in unserer Gesellschaft so umgesetzt, dass körperliche Trägheit, egal wie sehr sie mit Reichtum einhergeht, äußerst selten ist. Folglich ist Wohlstand bei uns nicht mit den schrecklichen Folgen einer Krankheit verbunden. Der muskulöse

Körper ist in allen Lebenslagen darauf ausgelegt, mit dem Gehirn und den Nerven zusammenzuarbeiten.

Wir gehen davon aus, dass unsere Stadt nun eine Wachstumsphase erreicht hat, die Ihrem Jahrzehnt entspricht. Der große Tempel ist noch nicht ganz fertiggestellt. Seine Straßen erstrecken sich in der Ferne, keine davon ist schmaler als 30 Meter und einige mehr als doppelt so breit, um den Luftschiffen und den größeren Lagerhäusern Platz zu bieten. Die Reihen einheitlicher Häuserfassaden, die an den Straßenecken durch erhöhte Türme aufgelockert werden, reichen weit genug in die sich allmählich verändernden Vorstädte hinein, um einen Hinweis auf die langen und schönen Perspektiven zu geben, die noch bevorstehen. Von der Mitte nach außen sind in Abständen von etwa einer halben Meile Räume reserviert, die der Fläche von zwei Blöcken entsprechen und einen kreisförmigen Gürtel um das Ganze bilden. Diese werden im höchsten Stil der Garten- und Landschaftskunst gepflegt und verschönert. Hier befinden sich unsere öffentlichen Bäder, Statuen, Denkmäler, Wintergärten und Arenen für den Sportsport. Diese so bequemen und leicht zugänglichen Vergnügungsparks bereichern unser Stadtleben mit dem Geschmack und dem Flair des Landes. Unsere Stadt wächst in einer soliden Expansion. Es gibt keine heruntergekommenen Vororte wie Ihren. Blöcke werden gemeinsam errichtet, und zwar immer in Fortsetzung des angrenzenden, angeeigneten Raumes. Der Verkehr und das Verhalten unserer Bevölkerung sind, wie Sie vielleicht erwarten, anders als bei Ihnen. Die allgemeine Gelassenheit und Zufriedenheit, die einheitliche Höflichkeit und das Fehlen von Erniedrigung mit ihren häufigen unangenehmen und schändlichen Episoden kennzeichnen den Unterschied zwischen Ihrer und unserer Stadtbevölkerung.

Es geht uns jedoch am meisten darum, einen Vergleich unserer Vermögens erzeugenden Agenturen und der Kanäle ihrer Verteilung anzustellen, und zu diesem Zweck werden wir unsere Metropole so betrachten, wie sie in ihrer Reife steht. Sie hat jetzt, wie Ihre Stadt mit fortgeschrittenem Wachstum, etwa dreihunderttausend Einwohner. Die Landpachtzinsen unterliegen ständigen Änderungen und sind an manchen Stellen sehr viel höher als ursprünglich. An bestimmten Orten, wo sich der Handel konzentriert hat, wurde der öffentliche Haushalt durch einen beträchtlichen Mietvorschuss an die Ladenbesitzer erhöht, aber es gibt keine übermäßige Mietnachfrage für solche bevorzugten Orte, wie es bei Ihnen der Fall ist. Der Zweck der Miete besteht bei uns nur darin, die Ausgaben der Regierung zu decken; ihre Gesamtsumme ist begrenzt; und während folglich in den Handels- und Handelsbezirken, wo Reichtum und Kapital am stärksten beansprucht werden, es materiell vorangekommen ist, hat in den Wohngebieten eine entsprechende Verringerung stattgefunden. Die direkte und unmittelbare

Auswirkung einer Wertsteigerung von Grundstücken besteht daher darin, dass die Lebenshaltungskosten der Massen durch eine Kürzung ihrer Pachtzinsen sinken. Da es kein Monopol des Privateigentums gibt, gibt es selbst an den konzentriertesten Orten keinen Fall, in dem die Miete auch nur annähernd einen so großen Anteil an den Geschäftsausgaben ausmacht wie bei Ihnen. Durch Ihre Grundbesitzverhältnisse haben Vermieter Zugriff auf beide Taschen des Mieters. Von der einen nehmen sie bis zur Grenze ihrer Gier die Summe, die sie für das Privileg eines Geschäftsquartiers oder eines Wohnsitzes wählen, und von der anderen nehmen sie den Zehnten von allem, was durch die erhöhten Kosten seiner Verteilung verbraucht wird.

Da unsere materiellen Wünsche und Bedürfnisse Ihren sehr ähnlich sind, ist es nicht schwer, eine vergleichende Schätzung der Einsparungen der Industrie vorzunehmen. Wir produzieren in einer bestimmten Zeit mehr Wohlstand als Sie, selbst wenn wir kürzere tägliche Arbeitszeiten haben, weil mit wenigen Ausnahmen alle im Produktionsgeschäft tätig sind. Durch diese gesteigerte Produktivität wird jeder Verbraucher reicher. Er ist in der Lage, mit einem geringeren Arbeitsaufwand eine größere Menge an Objekten der Begierde zu beschaffen. Unsere Produktion ist durch den Einsatz perfekterer Maschinen perfekter als Ihre. Unsere Arbeitsteilung ist vollständiger als Ihre. Da unsere Arbeiter reichlich Muße für die intellektuelle Entwicklung haben, werden alle praktischen Vorteile des Wissens und der Wissenschaft sofort in die Tat umgesetzt. Indem Sie Ihre große Kapitalverschwendung durch übermäßige Staatsausgaben vermeiden, ist es bei uns ständig so reichlich vorhanden, dass sein Verhältnis zur Arbeit die Arbeit lohnend macht.

Zum Vergleich haben wir nun angenommen, dass die beiden Städte, eine auf dem Mars und eine auf der Erde, jeweils dreihunderttausend Einwohner haben; und dass, wenn man die Frauen und Kinder berücksichtigt, die nicht in der produktiven Industrie tätig sind, einhunderttausend Einwohner jeder Stadt aktiv in der Industrie tätig sind. Da der allgemeine Wohlstand jeder Stadt von den Einkünften dieser Hunderttausend abhängt und die Anhäufung von Kapital und Vermögen von den Ersparnissen dieser produktiven Klassen, lassen Sie uns eine relative Schätzung der Möglichkeiten vornehmen, die jede einzelne an individuellen Ersparnissen besitzt. Da es kein gemeinsames Tauschmittel gibt, auf das wir unsere Schätzung stützen könnten, nehmen wir zu diesem Zweck den Wert einer Tagesarbeit. Das Einkommen einer Stadt stammt aus zwei Quellen: den Gesamtlöhnen ihrer Einwohner und den Gesamtgewinnen ihres Kapitals. Da Letzteres jedoch vollständig von den Verbrauchern stammt, wird es größtenteils von den Einwohnern selbst getragen. Und weil alle importierten Produkte ebenso wie die exportierten Produkte in ihren Verkaufspreisen die Profite des Kapitals enthalten, können wir mit Fug und Recht sagen, dass die Konsumenten einen Betrag zahlen, der nahezu gleich dem gesamten Profit des Kapitals einer Stadt ist innerhalb seiner Grenzen als Kapitalgewinne. Die Haupteinnahmequelle Ihrer Stadt sind dann etwa 31 Millionen Arbeitstage pro Jahr. Davon müssen Sie nach Ihrem System die Kosten für zwei Millionen Arbeitstage für staatliche Steuern, fünfzehn Millionen Arbeitstage für die Grundrente, zwei Millionen Arbeitstage für Wasser, zwei Millionen Arbeitstage für Versicherungen usw. bezahlen Für den Rest von zehn Millionen Arbeitstagen müssen Sie die Kosten für Lebensmittel, Kleidung, Treibstoff, den geschätzten Teil der Miete für Gebäude sowie die verschiedenen Nebenkosten für Möbel und Hausbeleuchtung bezahlen. Sie werden feststellen, dass alle diese Ausgaben, mit Ausnahme der ersten, größtenteils mit Kapitalgewinnen belastet sind, so dass Sie sich mit den dargelegten Einnahmen und Ausgaben möglicherweise in einem progressiven Zustand befinden, wie dieser Begriff von Ihnen definiert wird. Das heißt, Ihr Kapital kann wachsen und Ihr Vermögen kann sich sehr stark vermehren. Der enorme Anteil Ihrer Einkünfte, der durch die Miete abgeführt wird, trägt, obwohl er größtenteils aus Ihren Geschäftsvierteln stammt, zu gleichen Teilen zu den erhöhten Kosten aller verbrauchten Produkte bei. Von Ihren einhunderttausend Produzenten kann man mit Sicherheit sagen, dass zwanzigtausend über Kapitalinvestitionen verfügen. Unter diesen wird der gesamte Überschuss der städtischen Einnahmen aufgeteilt. Die achtzigtausend, die sich mit der direkten Schaffung von Wohlstand befassen, sind unter Ihrem grausamen System dazu verdammt, von Sonne zu Sonne zu schwitzen und zu schuften, ohne anzuhäufen. Sie akzeptieren diesen Zustand der Dinge als unvermeidlich, und Ihre Ökonomen behaupten, dass der tatsächliche oder natürliche Lohn der Arbeit das bloße Mittel zum Lebensunterhalt sei. Wir haben den ungerechten Ursprung dieses gewaltigen Fonds gesehen, der mindestens ein Drittel des Arbeitseinkommens verschlingt: Lassen Sie uns seine fortwährenden Auswirkungen auf die Interessen der Arbeitenden untersuchen.

Wenn wir Ihre Zivilisation betrachten, finden wir in ihren modernen Aspekten eine wunderbare Zunahme aller Geräte und Bedingungen, die Reichtum ansammeln. Hierzu zählen eine bessere und wirtschaftlichere Arbeitsteilung, wissenschaftliche Entdeckungen, arbeitssparende Erfindungen und insgesamt eine deutlich gesteigerte Produktivität.

Zusätzlich zu diesen Beiträgen von Wissen und Wissenschaft im Interesse der Arbeiterklasse haben Sie im letzten Jahrhundert die bemerkenswerteste Errungenschaft zugunsten der Arbeit erlebt, die es jemals auf Ihrem Planeten gegeben hat. Ich spreche von der Entstehung neuer und fruchtbarer Länder, über die sich die Grenzen der Zivilisation ausgeweitet haben und aus denen durch neue Methoden und Vorrichtungen sowohl der Landwirtschaft als auch des Transportwesens die Nahrungsvorräte der Erde fließen konnten ein stetiger Strom in Richtung der Bezirke ihres Konsums. Diese immensen

Vorteile dürften in gewissem Maße eine wohltuende Wirkung auf Ihre Arbeiterklasse haben. Da Ihre Arbeiter heute in der Lage sind, mehr Annehmlichkeiten des Lebens zu genießen als früher, sind die Reallöhne beträchtlich gestiegen. Ihr Anteil am produzierten Reichtum ist jedoch ebenso gering wie früher. Durch die modernen Notwendigkeiten, denen man sich durch die Sitte nur schwer entziehen konnte, sind sie zu größeren Konsumenten geworden, was es Ihrem Kapital mit seinen ungebührlichen Vorteilen schon ermöglicht hat, seinen Vorrat in keinem Verhältnis zu einer gerechten Aufteilung des produzierten Reichtums zu vergrößern. Aber das größere und billigere Nahrungsmittelangebot und das üppige Kapital eurer jüngsten Zeit haben zwar dazu beigetragen, die deprimierende Wirkung des Bevölkerungszuwachses in den Arbeiterschichten zu neutralisieren und einen Zustand allgemeinen Wohlstands im Handel und bei kaufmännischen Aktivitäten zu schaffen, haben aber auch dazu beigetragen, die Situation zu verbessern Gleichzeitig bot es allen Ihren Landmonopolisten die Möglichkeit, unter dem Druck der Konkurrenz den gesamten Überschuss des Einkommens Ihrer Arbeiter zu erpressen. Genau die gleichen glücklichen Bedingungen, die ihnen ein Mindestmaß an Wohlstand beschert haben, haben ein reicheres Feld für Ihre Monopolisten geschaffen, und insbesondere für diejenigen unter ihnen, die durch den Besitz von Stadtgrundstücken von den erweiterten Anforderungen der Wirtschaft und einer sich schnell vermehrenden Bevölkerung profitieren können , ein unfairer Teil des produzierten Reichtums. Das uneingeschränkte Privileg, sich den größtmöglichen Anteil an den Gewinnen der Industrie anzueignen, verleiht den Besitztümern Ihrer Grundeigentümer einen spekulativen Wert und dient wiederum dazu, ihnen den Vorwand einer Parallelität ihrer Mietgebühren zum aktuellen Zinssatz zu liefern auf Geld. Wenn die Industrie gezwungen werden kann, ihnen jetzt ein Drittel ihrer Einkünfte zu überlassen, überschatten die Möglichkeiten der Zukunft goldene Träume, die ihnen nicht weniger versprechen als die Macht eures imaginären Midas – Träume, die einen einfacheren Wohlstand fördern als bisher besessen von Ihren alten Baronen, die durch Waffengewalt in der Lage waren, zu halten – was Ihr modernes Gesetz und Ihre moderne Sitte gleichermaßen erlauben – das Privileg, dem Fleiß von Millionen fleißiger Hände alles andere als einen bloßen Lebensunterhalt und einen Schutz vor der Macht zu entziehen Elemente.

Dass die Pacht nicht in großem Maße in die Kosten Ihrer landwirtschaftlichen Produkte einfließt, ist auf die Fülle an neuem Land zurückzuführen, das ständig bebaut wird, und auf den Ausgleich der Lagen, den Ihre Eisenbahnen fördern. Eine steigende Nachfrage nach Nahrungsmitteln und die Aussicht auf steigende Preise führen dazu, dass weniger fruchtbare oder weiter von Ihren Märkten entfernte Anbauflächen angebaut werden. Die Monopolmacht des landwirtschaftlichen

Grundbesitzes wird dadurch wirksam zerstört. Solange diese günstigen Bedingungen bestehen, werden die Kosten Ihrer Grundnahrungsmittel allein vom Wert der eingesetzten Arbeitskraft bestimmt. Die Profite des Kapitals haben daher keinen Anteil an ihnen, bis sie die Hände des Produzenten verlassen. Die geringere Fruchtbarkeit eures kultivierten Landes hat keinen Wert, außer in der Möglichkeit, die es der Arbeitskraft bietet, ihre Dienste gegen Geld einzutauschen. Diese Landklasse legt den Preis für die Nahrungsmittel auf der Erde fest und verbilligt sie. Der Wert aller Ländereien ab diesen aufwärts in Grad der Fruchtbarkeit wird anhand der Menge an Produkten geschätzt, die aus einer gegebenen Arbeitsmenge hervorgehen, und außer in einigen wenigen bevorzugten Situationen gibt es bisher noch keinen Monopolwert in Ihren bebauten Ländern. Dies ist mehr als alles andere auf die verhältnismäßige Billigkeit Ihrer Lebensmittel und das stetige und uneingeschränkte Wachstum Ihrer Bevölkerung zurückzuführen. Mit der Zeit muss die Miete jedoch aus offensichtlichen Gründen, die keiner Erwähnung bedürfen, in den ursprünglichen Kostenbestandteil Ihrer Grundnahrungsmittel eingehen, so wie sie heute einen so großen Teil der Kosten für deren Verteilung ausmacht. Dann wird es zur vollen Manifestation der Übel Ihres Privateigentumssystems kommen. Die Anzeichen dafür, was in dieser sich rasch nähernden kritischen Phase geschehen könnte, sind im völlig gnadenlosen Charakter eurer Vermögensbesitzer zu sehen, die angesichts der göttlichen Intelligenz, die so barmherzig für eine gleichmäßige Fülle an alle gesorgt hat, versuchen, zu untergraben die Naturgesetze des Handels durch unfaire Zusammenschlüsse, die bei euch als Trusts und Syndikate bekannt sind, bei denen das Gemeinwohl ihrer entschlossenen und skrupellosen Profitgier geopfert wird.

Sie haben vielleicht nicht ganz darüber nachgedacht, wie es dazu kommen konnte, dass Ihr Vermögen so allgemein ohne die besten Gefühle und Impulse der Menschheit auskommt. Der Akkumulationswille, der alle Klassen durchdringt, kann in den Reihen der Arbeit nichts bewirken, außer bei denen, die ihn in übermäßigem Maße besitzen. Die Gier nach Gewinn muss so groß sein, dass sie den Wunsch nach erreichbarer Befriedigung überwältigt und eine Zurückhaltung erzeugt, die jedes verzichtbare Verlangen und Vergnügen verleugnet. Nur die Wenigen, die über die Kraft der Abstinenz verfügen, können einem Leben voller Plackerei entkommen. Die Ränge des Kapitals und des Reichtums rekrutieren sich größtenteils aus dieser Gruppe von Abstinenzlern. Unter den deprimierenden Auswirkungen Ihres monopolistischen Zustands sind gewöhnliche Besonnenheit und mäßige Enthaltsamkeit in der Regel nicht in der Lage, den Grundstein für Reichtum zu legen. Folglich wurden die Reihen Ihrer wohlhabenden Klassen durch einen natürlichen Selektionsprozess zum größten Teil mit den aggressivsten Söldner- und Gewinnsüchtigen Ihrer Rasse aufgefüllt; während der bessere Teil der Menschheit, wo die selbstaufopfernden und großzügigen Impulse am stärksten vorherrschen, die Strafe für seine Tugenden in unverminderter Abhängigkeit bezahlen muss. Ihre erfolgreiche, wohlhabende Klasse gelangt mit der Zeit zu der Machtposition, die ihr ihr Reichtum verschafft, und prägt und lenkt Ihre Gesetzgebung. die, wie Sie vielleicht erwarten, sich nicht, wie es sein sollte, hauptsächlich der Unterstützung von Maßnahmen zur Angleichung und Verbesserung der Bedingungen aller Klassen widmet, sondern die Regierungsmaschinerie für ihre eigenen egoistischen Zwecke betreibt und einfache und bequeme Wege für sie schafft jene Pläne, die seinen Reichtum vervielfachen.

Während der Wunsch, sich anzusammeln, anerkanntermaßen die Quelle allen materiellen Fortschritts ist, ist seine Verwirklichung in unserem System größtenteils die Belohnung jener geistigen Qualitäten, die keine sicheren Lehren für die allgemeine Akzeptanz darstellen. Ihre Beispiele für materiellen Erfolg sind keine guten Studien, wenn Nächstenliebe und der wahre Gemeinsinn als würdig erachtet werden sollen, durch Gebote erweitert zu werden.

KAPITEL XI.

UNSERE fortgeschrittenere Zivilisation und unsere wahrere Demokratie kommen nirgendwo deutlicher zum Ausdruck als in der Art und Weise, wie wir die gleichmäßige Aufteilung der Landinteressen festgelegt haben. Bei unserer Stadt mit dreihunderttausend Einwohnern und einem Einkommen von einunddreißig Millionen Arbeitstagen im gleichen Zeitraum wie bei Ihnen wird von unseren Behörden eine Summe als Grundrente veranschlagt, die acht Millionen durchschnittlichem Tageslohn entspricht unsere Arbeiter. Für diesen verfügbaren Betrag stellt unsere Regierung ihren Mietern ohne weitere Kosten perfektionierte Straßen zur Verfügung, die ständig instand gehalten werden, reichlich Wasser für Haushalte und andere Zwecke, Beleuchtung sowohl in Häusern als auch auf Straßen, Wärme durch unser System (für Sie unentdeckt), perfekt Entwässerung ohne Kosten oder Reparatur von Leitungen, Versicherung gegen individuellen Verlust durch Feuer oder Überschwemmung, kostenlose Bestattung der Toten und ein Bildungssystem, das jedem Einzelnen die höheren Studienzweige verleiht.

Neben diesem immensen Service stellt die Regierung religiöse Gebäude, Gebäude zur öffentlichen Unterhaltung und Vergnügungsparks zur Verfügung. Und das alles, wie Sie bedenken werden, zu geringeren Kosten für unsere Bevölkerung, als Ihre Vermieter von Ihnen nur die Erbbauzinsen verlangen. Wenn wir zu diesen vier Millionen Arbeitstagen Miete hinzufügen, die an private Eigentümer von Gebäuden gezahlt wird, bleiben uns neunzehn Millionen Arbeitstage für Lebenshaltungskosten, die nicht von unserer Regierung bereitgestellt werden und aus denen alle Gewinne und Kapitalakkumulationen stammen, außer diejenigen, die aus Gebäudemieten stammen. Sie werden dabei sehen, dass das Kapital nach der Aufhebung aller Monopolprivilegien, die sich an Ihr System geheftet haben, immer noch den vollen Spielraum hat, seine legitimen Funktionen auf den Gebieten der Produktion und Verteilung auszuüben, abgesehen davon, dass es keine Rechte hat und ist Anspruch auf keine gesetzgeberische Berücksichtigung.

Nur durch die Streichung der Forderungen und Profite des Kapitals ist die Regierung in der Lage, all diese genannten Dienstleistungen zu so geringen Kosten zu erbringen. Wir halten es für einen Grundsatz der Gerechtigkeit, dass die natürlichen Elemente nicht die Grundlage der Unternehmensführung oder Monopolkontrolle bilden dürfen und dass dem Kapital daher das uneingeschränkte Privileg zugestanden werden sollte, sich die Gaben der Natur anzueignen, die als gebrauchsbereit befunden werden , wir haben seine Tätigkeit auf eine bloße Partnerschaft mit der Arbeiterschaft beschränkt, wo es zu Recht hingehört. In unseren Bemühungen, die Arbeit zu erhalten und ihre Chancen mit dem Kapital in Einklang zu bringen, sind wir viel weiter gegangen. Wir sind der Meinung, dass alle öffentlichen Bedürfnisse der allgemeinen Nachfrage, für deren Bereitstellung große Ausgaben an Anlagekapital erforderlich sind und die nicht unbedingt zur Produktionslinie gehören, von der Regierung bereitgestellt werden sollten. Wir entlasten die Arbeit, indem wir sie von den großen Kapitalunternehmen entlasten, die von ihr leben und keinen angemessenen Teil der Erträge mit ihr teilen. Die großen Geldsummen und die besonderen Privilegien, die bei diesen Versorgungsgeschäften erforderlich sind, wofür Ihre Eisenbahn-, Telefon- und Telegraphenlinien herausragende Beispiele sind, behindern die natürliche Tendenz des Wettbewerbs, und Kapital und Reichtum werden dadurch Vorteile gegenüber der Arbeit gewährt, die sie nicht haben sollten von rechts haben.

Das uneingeschränkte Privileg des Kapitals in diesen Richtungen wurde mit der Begründung verteidigt, dass es Ihren materiellen Fortschritt erheblich beschleunigt; dass diese Unternehmen in privater Hand wirtschaftlicher geführt werden können; und dass die Zentralisierung der Macht in einer Regierung durch den Besitz solch großer Unternehmen gefährlich verstärkt würde. Alle diese Behauptungen außer der ersten entbehren jeder Grundlage. Das wachsende politische Gewicht, insbesondere in Ihren repräsentativen Regierungen, aller Monopolkombinationen aufgrund ihres Reichtums und ihrer großen individuellen Schirmherrschaft stellt Sie vor die Wahl zwischen einer Regierung, die von äußeren Einflüssen regiert wird, die nicht für die Übel, die sie versehentlich verursacht, verantwortlich gemacht werden kann durch den unwiderstehlichen Druck von außen zufügt, oder eine Regierung, die völlig und absolut haftbar ist und für alle Eingriffe in das Gemeinwohl bei der Erledigung dieser Versorgungsleistungen strikt zur Rechenschaft gezogen werden muss. Im letzteren Fall ist Ihre Abhilfe einfach; und kann leicht angewendet werden; während im ersteren Fall nichts Geringeres als eine politische Erschütterung von Nutzen sein wird. Keine hochentwickelte Regierung auf eurer Erde hat jemals über einen längeren Zeitraum einen öffentlichen Dienst von irgendeiner Größenordnung übernommen, der nicht durch das gesamte verfügbare Wissen und die gesamte Wissenschaft ihrer Zeit systematisiert und verbessert wurde. Der Unterschied zwischen einem öffentlichen und einem privaten Angebot einer gemeinsamen Nachfrage besteht darin, dass zu einem die Kosten und Gewinne des Kapitals hinzukommen; während das andere, von diesen oft übermäßigen Anforderungen befreit, zum billigsten Preis angeboten wird.

Jede Politik Ihrer Regierungen, egal wie unklug sie auch sein mag, wird mit der Zeit zu einem festen Bestandteil, der schwer zu entfernen ist. Die Missbräuche, von denen bekannt ist, dass sie sie hervorrufen, werden noch lange nach dem Verständnis ihrer Bösartigkeit toleriert. Dennoch gibt es kaum eine davon, die nicht ihre aktiven Verteidiger hatte. Die geschickte

Verteidigung von Maßnahmen, die wegen ihrer eklatanten Ungerechtigkeit längst abgeschafft wurden, stellt in Ihren Annalen einige der auffälligsten Beispiele geistiger Schieflage dar. Es ist jedoch bekannt, dass in ihrer langen gesetzgebenden Laufbahn keine Regierung der Erde jemals die Arbeiter und Landlosen gegenüber den Interessen derjenigen bevorzugt hat, die über Besitztümer der Erdoberfläche verfügen. Was auf den oberflächlichen Blick in Ihrem eigenen Land als eine solche Maßnahme erscheint, in dem, was man allgemein als Ihre Landpolitik mit ihren Gehöftbestimmungen bezeichnen könnte, wird bei näherer Betrachtung trügerisch. Jedes Ihrer Gesetze mit dem vorgeblichen Zweck, Ihr Territorium der Arbeit zu überlassen, beruht auf der verdeckten Absicht oder Duldung, die Möglichkeiten des Kapitals zu fördern. Seit der Einführung Ihres Systems haben Kapital und Reichtum nach und nach Ihr Land verschlungen, und die Partnerschaft der Arbeiter darin ist ebenso vergänglich und zufällig wie die Möglichkeiten, die sich in den frühen Phasen des Wachstums Ihrer Stadt bieten.

Es scheint, dass in Ihrer gegenwärtigen Entwicklung das allgemeine Gefühl der individuellen Erwerbssucht unter Ihren herrschenden Klassen zu groß ist, um mit der Gesamtheit Ihres Volkes angesichts solch verführerischer Gelegenheiten zum Selbstgewinn fair umzugehen. Sie können unter Ihrem gegenwärtigen System des Privateigentums nicht verhindern, dass das Land, das jetzt von Ihrem Volk gehalten wird, in vergleichsweise wenige Hände übergeht. Obwohl dieser Prozess schon seit Jahren andauert, beschleunigt er sich allmählich und wird sich schnell bemerkbar machen, wenn der letzte Teil Ihres öffentlichen Territoriums aus den Händen Ihrer Regierung verschwunden sein wird. Die Eigentümer Ihres Landes haben immer die Länder der Erde regiert und werden dies auch weiterhin tun. Keine repräsentative Regierung kann lange ohne ein System existieren, das das Monopol ihres Territoriums durch Reichtum verhindert.

Die Gründerväter Ihrer Nation scheinen keine andere Idee gehabt zu haben, als dass Ihr Land eine bewegliche Sache war, die man gegen Geld veräußern konnte, und ebenso Gegenstand von Tausch- und Spekulationsgeschäften wie Waren und ebenso anfällig für Depressionen war an Wert, den ein Überangebot hervorbringt. Seine beispiellosen Vorteile als Spekulationsobjekt wurden mit zunehmender Bevölkerungszahl immer offensichtlicher. Es ist ein eindrucksvolles Beispiel für den unwiderstehlichen Einfluss des Söldnerimpulses auf eurem Planeten, dass diejenigen, die maßgeblich dazu beigetragen haben, so viele Fortschritte bei der Angleichung der Bedingungen und Privilegien ihrer Mitmenschen zu erzielen, in ihrer Gesamtheit Titel und Besitz innehatten Sie standen bereit, ein Gebiet der Erdoberfläche zu verteidigen, das etwa acht Millionen Ihrer Hektar Landfläche entsprach, wobei einhunderttausend Hektar im Besitz desjenigen waren, der der erste präsidierende Offizier Ihrer Republik wurde.

Ich beziehe mich nicht auf diese Tatsachen im Sinne einer Tadel gegenüber diesen Männern, die über ihre Zeit hinaus so aufgeklärt und freiheitsliebend sind; aber nur, um jene einzigartige Grenze der Vision aufzuzeigen, die aufrichtig die Gleichheit aller Menschen verkündete und eine politische Methode förderte, die mit der Zeit die Mehrheit versklaven oder verarmen musste.

Es besteht kein Zweifel daran, dass die unbegrenzten Privilegien des Kapitals in diesen Richtungen Ihren materiellen Fortschritt erheblich beschleunigt haben. Die schnelle Nutzung der immensen Ressourcen Ihrer eigenen Republik hat das Böse, das sie nach und nach hervorbrachte, verborgen und verschleiert. Die neuen Arbeitsfelder, die die vielen Monopolunternehmen eröffneten, haben es befriedigt und beruhigt; und die vorerst offene Einladung zu einer Partnerschaft mit dem Kapital bei der Inbesitznahme des Bodens für Anbauzwecke lässt unter den arbeitenden Massen keinen erkennbaren Grund zur Klage zu. Daher war Ihr Bedarf an Arbeitskräften so viel größer als das Angebot, dass große Zuwächse aus den älteren Ländern der Erde abgezogen wurden. Dadurch, dass Sie Knochen und Sehnen für eine noch schnellere Entwicklung liefern, ist Ihr Fortschritt zum Wunder des Zeitalters geworden. Sie werden jedoch erkennen, dass der allgemeine Wohlstand in allen Klassen Ihrer Gesellschaft und das Fehlen jeglicher großer öffentlicher Unzufriedenheit genau die Bedingung ist, die das Eindringen von Kapital und Reichtum erleichtert, so dass während all Ihrer enormen Anhäufungen durch die Hände Von Ihren Arbeitern, von denen sie außer ihrem Lebensunterhalt kaum Gewinn vorweisen können , sind die gewaltigsten Geldvermögen der Geschichte in die Hände einiger weniger gefallen. Anders als in den älteren Ländern der Erde, wo die zunehmende Armut der Massen eine natürliche und unvermeidbare Folge der großen Anhäufung von Reichtum in wenigen Händen ist, werden Ihre Armen während dieser ungleichen Verteilung nicht spürbar ärmer. Ihre enormen Ressourcen sorgen dafür, dass die Arbeit während all dieser Eingriffe vergleichsweise wohlhabend bleibt. Als Folge der Fülle, die Ihnen die Gaben der Natur beschert haben, und der stimulierten Energien, die Ihre belohnten Industrien hervorgerufen haben, unterwirft sich Ihre Arbeit unbewusst der Gewinnung eines ungerechtfertigten Teils des Reichtums, den sie ohne individuelles Leiden hervorbringt. Die bessere Lage Ihrer Arbeiter im Vergleich zu denen anderer Länder sollte jedoch nicht darüber hinwegtäuschen, dass Kapital und Reichtum neue Sicherheit erfahren und dadurch zu neuen Anforderungen an die Industrie ermutigt werden. Auch wenn Ihre Armen noch nicht spürbar ärmer werden, werden Ihre Reichen unermesslich reicher. Die besseren Arbeitsmöglichkeiten haben Millionen von Arbeitern aus dem Ausland angelockt, die im Zuge ihrer raschen Entwicklung des Landes die Werte des Bodens so enorm aufgewertet haben, dass der Schoß der Erde in ein Spekulationsobjekt verwandelt wurde, und das Hauptgeschäft des Reichtums wurde die Erhöhung einzustreichen, die es nicht verdient hat.

Sie können nicht umhin zu bemerken, dass Ihre Geldklasse bis zu diesem Zeitpunkt nur wenig mit Land in Ihren landwirtschaftlichen Bezirken zu tun hatte, außer es zu kaufen und zu verkaufen. Kapital, abgesehen von der begrenzten Menge, die auf dem Land geschaffen wurde, wurde bisher nicht in das Geschäft seiner Bewirtschaftung einbezogen, weil es durch den Überfluss und die leichte Erwerbbarkeit des Landes in eine so direkte Konkurrenz mit dem Land geraten muss Arbeit, um keine zufriedenstellende Gewinnspanne zu hinterlassen. Wenn jedoch Ihr öffentliches Land vollständig in private Hände übergegangen ist und der Preis der Landprodukte nicht mehr wie bisher von der Bereitschaft der Arbeit bestimmt wird, aus ihrer Produktion einen bloßen Tausch gegen gerechte Löhne zu machen, dann und erst dann wird Kapital in größerem Umfang in die Landwirtschaft fließen.

Wenn dieser Zeitpunkt gekommen ist, wird sich in Ihrer Wirtschaft allmählich eine Veränderung vollziehen. Die Beziehungen der Arbeit zum Kapital, die bisher durch die einfacheren Bedingungen des Arbeitskapitals mit seinem Überfluss an freiem Boden zur Absorption seines Überschusses so verändert wurden, werden in den alten Zustand größerer Abhängigkeit zurückgedrängt. Es wird nicht mehr den großen Vorteil erfahren, den es so lange in seiner Partnerschaft mit der fruchtbaren Erde hatte. Seine Depression wird die Erträge unzähliger Monopolsysteme schmälern und die spekulativen Möglichkeiten des Kapitals im früheren rasanten Anstieg der Bodenwerte werden auf ein Minimum reduziert. Der Erwerb von Land zur Nutzung und Bewirtschaftung wird dann zu einer der erfolgsversprechendsten Investitionen für das vorhandene Kapital werden. Die Preise für Grundnahrungsmittel werden steigen, und die Miete wird zum ersten Mal in Ihrer Geschichte einen großen Kostenfaktor darstellen.

Mehr als eine leicht erkennbare Instanz Ihrer Zivilisation wird dazu neigen, die Zahl Ihrer kleinen Bauernhöfe zu verringern und die Lebensmittelversorgung vollständig unter die Kontrolle Ihrer wohlhabenden und kapitalistischen Klasse zu stellen. Ihre Kleinbauern, die jetzt Ländereien mit geringerer Fruchtbarkeit bewohnen und mit ihren begrenzten Mitteln kaum mehr als für ihren Lebensunterhalt sorgen, werden ihre Titel bereitwillig den Kapitalisten überlassen, die mit dem Vorteil kostspieliger arbeitssparender Maschinen die Bewirtschaftung von a Anzahl solcher Gebiete wird in ein Land mit genügend Gewinn geworfen, um ihre Mittel einzusetzen.

Die arbeitssparenden Vorrichtungen, die Ihr Einfallsreichtum für landwirtschaftliche Zwecke entwickelt hat, werden die Nachfrage nach größeren Betrieben beschleunigen, und obwohl sie die Produktionskosten erheblich senken, werden sie den Marktpreis für Lebensmittel nicht senken. Während die Maschinerie ihre Beschneidung der Arbeitsleistungen mehr als wettmacht, indem sie ihr billigere Manufakturartikel liefert, kann es bei der Versorgung mit Waren, die als Notwendigkeit für ihre Produktion Folgendes erfordern, keinen solchen offenen und uneingeschränkten Wettbewerb geben natürlicher Akteur, dessen Besitz im wahrsten Sinne des Wortes ein Monopol darstellt.

Maschinen haben die Versorgung mit Rohstoffen, die direkt aus dem Boden stammen, nie verbilligt, da ihr Einsatz für den Anbau nur in Ausnahmefällen erfolgt ist und sie niemals allgemein verbreitet werden können, solange das Land in kleinen Parzellen bewirtschaftet wird. Genau diese Bedingung ist es, die die Aufmerksamkeit von Landinvestoren auf sich ziehen wird, um deren Nutzungsgewinne zu erzielen, und mit dem ersten dauerhaften Anstieg der Preise für Ihre Grundnahrungsmittel wird die Umwandlung kleiner Farmen in große beginnen.

Das Privileg und die Hoffnung aller, einen großen oder kleinen Teil der Erdoberfläche in Besitz zu nehmen, verleiht Ihrem persönlichen Eigentumssystem den Anschein von Gerechtigkeit, der nicht im Widerspruch zu Ihren populären Bestrebungen nach Gleichheit steht, und das Böse wird nicht allgemein zugegeben. bis es ernster zu spüren ist.

Es tut mir leid, Ihnen sagen zu müssen, dass der Grundsatz der Gleichheit, wie wir ihn verstehen, von keiner der Regierungen der Erde ernsthaft in Betracht gezogen oder umgesetzt wurde. Sie haben es als selbstverständlich angesehen, dass eine dienende und abhängige Klasse, die vier Fünftel Ihrer Bevölkerung ausmacht, immer dazu beitragen muss, die Gesamtzahl Ihrer Bevölkerung zu bilden, und in Ihren Unterlagen lässt sich keine gesetzgeberische Maßnahme finden, die diese große Gruppe von Ihnen ernährt Menschen gegen die Übergriffe, mit denen Reichtum und Kapital ständig in ihre Interessen eindringen dürfen. Die Freiheit selbst ist nur noch von geringem Wert, wenn das Leben zum Verlust aller Mittel und Wege wird, es zu verbessern. Tatsächlich gibt es keine Freiheit im eigentlichen Sinne, bei der alle Momente des Lebens gegen die Mittel zum Leben eingetauscht werden müssen.

Soweit Ihre Entwicklung fortgeschritten ist, hat sich das Gefühl der Brüderlichkeit, wie wir es kennen, nie in den Geist Ihrer Gesetzgebung eingedrungen. Das Spektakel, wie vier Fünftel von euch von Sonne zu Sonne schuften, nur um das Gleichgewicht zu bereichern, hat kein Mitgefühl hervorgerufen und kein Maß an Erleichterung hervorgerufen. In den Bereichen Ihrer Autorität, in denen ein Hauch von brüderlichem Instinkt vorhanden sein sollte, herrscht nichts außer dem selbstsüchtigen und söldnerischen Genie des Mammon. Der göttliche Drang zu besseren Dingen ist unter euch, aber anstatt seine Wirkung in den praktischen Angelegenheiten des Lebens zu entfalten, wurde er in die Kanäle eurer geschäftigen, aber unfruchtbaren Glaubensbekenntnisse gelenkt. Du trägst deine Religion wie ein Feiertagsgewand. Wir haben gelernt, unsere als gewöhnliche Kleidung zu tragen.

Die Vergangenheit ist ausgebrannt, mit einem Rest, der außer als Warnung nur noch von geringem Wert ist. Die Zukunft gehört nicht uns, sondern dem Universum mit seinem verborgenen und unwiderruflichen Schicksal. Die Gegenwart gehört uns, und es ist unser Credo, in ihrem Besitz glücklich zu sein. Wir hätten Ängste säen können, wie Sie es getan haben, und wären genauso überwältigt worden von ihren vielfältigen Schrecken. Wir hätten ein umständliches Paradies wie Ihres erfinden können, mit seinem Weg ausgelöschter zeitlicher Hoffnungen und seinen Entmutigungen für die edelsten Ambitionen, aus den Materialien zu bauen, die in Sicht sind; aber zu welchem Zweck außer einem unwürdigen? Die Gegenwart gehört uns. Unser Feld gehört zu den Lebewesen, die uns umgeben. Das Leben besteht für uns vor allem aus seinen Möglichkeiten des Glücks und aus den Möglichkeiten, die es uns bietet, unsere religiösen Impulse zu genießen und der Gottheit zu dienen, indem wir uns und unsere Gesellschaft zu jenem Zustand der Vollkommenheit weiterentwickeln, zu dem unter der höchsten Intelligenz alle Dinge geführt werden neigen.

KAPITEL XII.

Ein bemerkenswerter Zustand Ihrer Gesellschaft im Vergleich zu unserer ist der langsame Fortschritt Ihrer Frauen aus der völligen Unterwerfung unter Männer, die in Ihrem Primärstaat herrschte. Es ist nicht verwunderlich, dass die Männer Ihrer Rasse in Ihrem gegenwärtigen Stadium des Fortschritts weiterhin viele der Privilegien an sich reißen, die ihnen als Erbe einer wilden und brutalen Abstammung vergleichsweise jungen Daseins und Ihres allmählichen Erwachens zu einem Gefühl dafür zuteil wurden Gerechtigkeit in dieser Richtung ist einer der vielen Beweise dafür, dass Sie sich auf den Linien bewegen, die Ihnen das göttliche Gesetz der Gedankenentwicklung vorgezeichnet hat.

Wir haben festgestellt, dass bestimmte aktive Geistesqualitäten, die überall bei Frauen vorherrschen, für einen besseren Fortschritt im sozialen Aufstieg unerlässlich sind, und unsere gegenwärtige absolute Gleichheit der Geschlechter hat Großes für uns bewirkt. Der volle Wert der Frauen als Faktoren des gesellschaftlichen Fortschritts ist Ihnen nicht bekannt, noch ahnen Sie ihn auch nur, weil Sie noch nie das Experiment einer völligen Aufhebung jener Beschränkungen, die sie unterdrücken, miterlebt haben; Dennoch ist es eine Tatsache, dass sie Ihnen in den wirklich edelsten Fortschritten der Menschheit überlegen sind. Sie haben den Brutalismus der Vergangenheit noch weiter hinter sich gelassen , sind tiefer berührt von Ihren Unmenschlichkeiten und werden weiter gehen, um sie zu verbannen als Ihre Männer.

Ihre Einschätzung der geistigen Leistungsfähigkeit von Frauen ist völlig falsch. Das gelegentliche Ausbleiben ihrer intellektuellen Leistungen und deren deutliche Steigerung mit der Vervielfachung der Möglichkeiten muss Ihnen darauf hingewiesen haben, dass ihr Schweigen und ihre offensichtliche Unterlegenheit bei den höheren geistigen Anstrengungen allein auf ihre lange Zeit der Unterordnung während dieser Zeit zurückzuführen waren Die Gepflogenheiten in Ihrer Gesellschaft haben jeden Versuch entmutigt, als Konkurrenten mit Männern auf diesem Gebiet Fuß zu fassen. Dank der Möglichkeiten und der Ermutigung, die wir ihnen gegeben haben, haben sie sich auf ein sehr hohes Niveau gehoben, insbesondere in der Literatur, Poesie und Kunst. Wir verdanken ihnen viele unserer Meisterleistungen in diesen Errungenschaften, und ihre Begabung für Studium und Forschung zeigt sich in der gleichberechtigten Stellung, die sie bei uns in der Wissenschaft und in den Berufen einnehmen. Diese weiblichen Geisteseigenschaften, die Sie als Herz, Mitgefühl, Gefühl und Gefühl beschreiben und die Sie in Staatsangelegenheiten im Allgemeinen für fehl am Platz halten, sind es, die Sie in der Gesetzgebung am meisten brauchen.

Göttliche Impulse kommen hauptsächlich durch die erwähnten Gefühle zum Ausdruck, und doch ist der Teil von euch, in dem sie am stärksten vorherrschen, von euren Ratschlägen ausgeschlossen.

Ein Vorbild für alles, was in eurer Regierung das Beste ist, findet sich nirgendwo anders als in der Familie. Die bereitwillige Hilfsbereitschaft und die gleiche Aufmerksamkeit für das gegenseitige Wohlergehen innerhalb ihrer Bezirke, die sich auf die Motive und Ziele Ihrer öffentlichen Politik ausdehnt, umfassen alles, was für eine perfekte Regierung erforderlich ist. Dennoch haben Sie aus der Familie den schwierigsten und egoistischsten Teil der Familie für die alleinige Leitung Ihrer öffentlichen Angelegenheiten ausgewählt, ihren Egoismus, der im Umgang mit der Gesellschaft über die Grenzen des Zuhauses hinaus durch diejenigen verstärkt wird, die väterliche Verantwortung übernehmen – in hohem Maße aufgrund der Unterordnung der Frauen – die in vielerlei Hinsicht die Bemühungen zum Wohle des Ganzen beeinträchtigen.

Es liegt in der Natur der Dinge, dass Ihre Männer leichter von bösen politischen Kräften überwältigt werden als Ihre Frauen. Letztere sind in ihrer moralischen Erziehung stärker mit den Interessen der Familie verbunden und weniger bereit, den Vorteil des Beispiels zu opfern, und daher weniger bestechlich als Männer. Frauen haben eine größere natürliche Affinität zur Tugend als Männer, sind selbstloser und sorgen sich stärker um das moralische Wohlergehen der Menschheit, was sich in ihrer ernsthafteren Unterstützung der Religion zeigt.

Mit dem Wahlrecht der Frauen würden die Geisteswissenschaften des Lebens stärker in Ihre Politik einfließen. Beweise dafür haben Sie in den wenigen örtlichen Fällen, in denen ihnen das Wahlrecht zuerkannt wurde. Die wünschenswerten familiären Methoden und Gefühle, die sie besser verkörpern als Männer, sind immer wieder als Zeichen ihrer Anwesenheit an die Oberfläche gekommen. Sie haben ausnahmslos eine größere Neigung als Männer gezeigt, das Wohlergehen von Personen in der Gesetzgebung gegenüber dem Wohlergehen allein des Eigentums zu berücksichtigen, das bis heute Ihre Politik so monopolisiert und korrumpiert hat. Ihre Gesetzgebung allein in den Händen von Menschen hat nur wenig dazu beigetragen, die Nöte der Menschheit zu lindern. Die kalte und berechnende Hand der Spekulation, die nur investiert, um ihr Kapital mit hohem Wucher zurückzugewinnen, hat Ihre Gesetzgebung immer als ein bereites Instrument für ihre Zwecke angesehen, und ohne höhere Ansichten werden Ihre Regierungen weiterhin ihre Chancen zum Nutzen der Menschheit verpassen . Durch die Aufnahme von Frauen würden die höheren Gefühle eher einen Platz finden. Es wäre der erste Schritt, Naturreligion und Politik zusammenzubringen. Der gegenwärtige irrationale Zustand Ihrer spirituellen Überzeugungen verzögert die Einführung eines Moralkodex in Ihren

Regierungssystemen. Mit Ihnen wird der Staat dazu gebracht, sich im Interesse der Moral um nichts anderes zu kümmern, als um die Bestrafung seiner Verstöße. Es ignoriert, da es nicht zu seinen Pflichten gehört, alle Anreize zum Guten, und bei der Bekämpfung des Verbrechens wird der Dienst zu seiner Verhütung, in anderer Weise als der Bestrafung, nicht berücksichtigt, hauptsächlich weil andere Bereiche der Gesellschaft seit Jahrhunderten die öffentliche Kontrolle übernommen haben und Förderung der Tugenden.

Eine Ausweitung der Regierungspflichten wird von vielen von Ihnen als verwerflicher Paternalismus abgelehnt. Solche von Ihnen übersehen die Tatsache, dass es in einer Republik keinen Paternalismus geben kann. Ein solches System ist schlicht und einfach Zusammenarbeit, und ohne die Zustimmung des Ganzen kann weder Gut noch Böse dauerhaft existieren. Je näher Sie einer vollständigen Zusammenarbeit kommen, desto perfekter wird Ihre Regierung. Die größten Missstände unter euch liegen darin, einem bestimmten Interesse den Vorrang vor anderen zu geben, wobei dieses Interesse in den meisten Fällen kapitalistischer Natur ist und oft dem Wohlergehen vieler Menschen zuwiderläuft. In Ihrer Industrieklasse sind weniger als ein Zehntel Arbeitgeber, deren politisches Gewicht die Mehrheit so stark überwunden hat, dass sie jegliche direkte Gesetzgebung in ihrem Namen ausgeschlossen haben, und sofern diese Bedingungen vorliegen, sollte der Grundsatz der Zusammenarbeit gelten Der Grundstein Ihrer Regierung wurde nicht gewissenhaft umgesetzt. Ein größerer und unserer Meinung nach eklatanterer Verstoß gegen diesen Grundsatz ist der Ausschluss von Frauen von den Vertretungsrechten in Ihrer Regierung. Sie können nicht leugnen, dass sie unterschiedliche Interessen verfolgen. Bei der Durchsicht Ihrer Steuererklärungen werden Sie feststellen, dass fast ein Fünftel Ihres gesamten Immobilien- und Privatvermögens ihnen gehört und dass der größte Teil des Restes in ehelichen Partnerschaften mit Männern liegt. Allein ihre Eigentumsverhältnisse berechtigen sie zum Wahlrecht, für dessen Verweigerung Sie keinerlei Entschuldigung haben außer dem Brauch und der Sitte barbarischer Zeitalter, die bis in die Gegenwart reichen, und den Vorurteilen einer Gesellschaft, die sich mit ihrer Ungerechtigkeit vertraut und blind gemacht hat. Die Kämpfe der Arbeiterschaft um bessere Anerkennung und die Agitation für das Frauenwahlrecht sind gedankliche Evolutionsbewegungen und deuten in Ihrer fortgeschrittenen Regierung auf das Kommen einer vollkommeneren Zusammenarbeit hin.

Die politische Unterwerfung der Frauen und die hilflose Unterwerfung der Arbeiterschaft unter das Gesetz von Angebot und Nachfrage, ohne gesetzgeberische Unterstützung oder Aufmerksamkeit, sind derzeit Ihre hervorstechendsten Relikte der Barbarei. Sie werden beide ertragen, weil die zu begünstigenden Parteien noch nie die ihnen zustehenden Privilegien genossen haben. Weder der eine noch der andere werden dadurch dazu angeregt, in ihrem eigenen Namen zu handeln, und wenn sie diese Rechte erwerben, wird dies eher einer aufgeklärten öffentlichen Meinung als einer konzertierten Aktion allein zu verdanken sein. Es ist bekannt, dass Ihre Sklaven wenig mit der Abschaffung der Sklaverei zu tun hatten, und daher ist es kein richtiges Argument gegen die Gewährung dieser Privilegien, dass die zu begünstigenden Personen nicht alle danach schreien; oder dass im Fall des Frauenwahlrechts eine große Mehrheit der Frauen gleichgültig ist und einige wenige dagegen sind.

Die Unterwerfung der Frauen unter die Männer in allen politischen und geschäftlichen Angelegenheiten des Lebens hat den Charakter beider Menschen stark verändert. Sie haben das Leben Ihrer Frauen auf unzählige kleine Details beschränkt. Ihre Bestrebungen und Kräfte waren auf diesen engen Rahmen beschränkt. Ihr gesamter Geist war in eine Reihe kleiner Ideen und Beschäftigungen vertieft, von einer zur anderen in ständiger Übung. In einem solchen Leben werden tiefe Gedanken und höhere Gefühle nicht gefördert. Sie haben nur wenig Anreiz, sich allgemeines Wissen anzueignen, da es für sie von keinem praktischen Nutzen sein kann, und da ihnen schon früh das Gefühl vermittelt wird, dass sie von Menschen abhängig sind, wird ihr Leben all den kleinen Mitteln überlassen, um Macht über sie zu erlangen sie in den sinnlichen Bereichen der persönlichen Verzierung und Zurschaustellung. Ihr und der Geist anderer Menschen muss unter solchen Bedingungen geschwächt werden; Dennoch sind ihre Pflichten beider Geschlechter die schwerwiegendsten und verantwortungsvollsten bei der Gestaltung des Schicksals der Menschheit. Ihnen kommt die Hauptaufgabe bei der Bildung des Geistes zu, sowohl durch Vererbung als auch durch Ausbildung, und bei ihren begrenzten Möglichkeiten für erweitertes Denken kann man bei ihnen nichts weiter erwarten als diese engen Vorurteile, die ihrerseits weitergegeben werden und sich so manifestieren eure ganze Gesellschaft. Diese Enge ist eine Ihrer unglücklichsten Eigenschaften; es ist fast überall unter euch. Bis vor kurzem gab es nur hier und da einen Mann, der fähig und willens war, eine Frage fair zu untersuchen, die mit traditionellen Überzeugungen und alten Denkweisen in Konflikt steht. Sie haben sich keine Vorstellung davon gemacht, wie sehr dieser Zustand auf den begrenzten geistigen Horizont zurückzuführen ist, in den Ihre Frauen eingesperrt sind. Der Intellekt Ihrer besten Männer wurde nicht so vervielfacht und reproduziert, wie er hätte sein sollen, da bei der Fortpflanzung ihre Kraft und Faser durch Ihre durchschnittlichen, nicht hochgradig gedankenproduzierenden weiblichen Geister verloren gegangen ist.

Die ausgedehnten barbarischen Beziehungen, die Ihre Frauen zu Männern pflegen, haben, obwohl sie durch die Zivilisation stark verändert wurden, genug ihrer primären Gefühle und Motive mit sich gebracht, um einen Großteil Ihrer ehelichen Verlobungen zu beeinflussen, wo in Wahrheit die Anziehungskraft liegt Wenn Ihre Frauen in einem Maße sinnlich sind, das Sie nicht freiwillig anerkennen, und das immer mehr der Fall ist, je weiter Sie auf der sozialen Ebene absteigen, werden Sie hier feststellen, dass Ihre Frauen hilflos dem anhaltenden Brutalismus unterworfen sind, den Ihre Bräuche und Gesetze durchsetzen. Aus dem Animalismus dieser einfachen Ehen entsteht ein großer Teil eures Elends und eurer Verbrechen. Ihre minderwertigen Männer haben nur wenig Respekt vor denen, die ihrer Macht unterworfen sind, und nutzen in vielen Fällen eine tyrannische Autorität über ihre wehrlosen Frauen, um einen gemeinen Instinkt der Menschlichkeit zu befriedigen. Es ist möglicherweise die einzige Gelegenheit, die brutale Ehemänner in ihrem ganzen Leben genießen, um einer erwachsenen Person zu befehlen, die durch Gesetze, Bräuche und Religion zum Gehorsam verpflichtet ist. Eine solch gefährliche Unterwerfung eines Menschen unter einen anderen könnte nur mit der Gewissheit entschuldigt werden, dass das Wohlergehen Ihrer Gesellschaft davon abhängt, obwohl dieser Zustand tatsächlich eines der Hindernisse für einen besseren sozialen Zustand darstellt.

Während Ihrer barbarischen Zeit und noch lange danach protestierten Frauen nicht gegen ihre untergeordnete Stellung in der Gesellschaft. Seit Jahrhunderten ist es ihre Aufgabe, mehr als nur ihren Anteil an den Schmerzen und Prüfungen der menschlichen Wiederauffüllung zu ertragen. Ihr wurde beigebracht zu glauben, dass dies ihr einziger Anteil an der Weltwirtschaft sei, und dass die Männer sie mit der ganzen Kraft kirchlicher und weltlicher Bindungen daran festhielten. Bei all Ihren glorreichen modernen Errungenschaften der Wissenschaft und des Allgemeinwissens war sie bis vor Kurzem nicht einmal eine eingeladene Zuschauerin. Während die Welt vor ihr in den Bewegungen des Fortschritts ganz in Aufruhr war, durfte sie nur dem Applaus durch die hinteren Fenster des Kinderzimmers und der Küche lauschen und sich darüber wundern; Ich wusste nicht, was das alles bedeutete, und war nicht dazu erzogen, seine herrliche Bedeutung anzuerkennen oder auch nur zu verstehen. Da sie nie daran gewöhnt war, über ein großes Thema nachzudenken, hat sie an ihren Traditionen festgehalten, nachdem diese durch das Wissen ihrer Zeit diskreditiert und geleugnet worden waren, und indem sie sie in all ihrer uralten Irrtumsmischung an die Kindheit weitergegeben hat, hat sie dazu beigetragen, diese Vorurteile am Leben zu erhalten unter euch, die euren Fortschritt so ernsthaft blockiert haben. Dies ist eine der Strafen, die Sie für Ihre Unterdrückung der Frauen bezahlt haben. Diese Traditionen, an denen sie so trotzig festhält, wird sie in ihrem gegenwärtigen abhängigen Zustand niemals dazu überreden können, sie aufzugeben. Zu ihrer Ehre kann man sagen, dass sie fälschlicherweise als die einzige großartige Methode angesehen werden, die ihr zur Verfügung steht, um ihrer Sorge um das Wohlergehen der Menschen nachzugehen. Sie müssen ihr neue Pflichten übertragen und in ihr neue Ambitionen wecken, bevor Sie erwarten können, dass sie auf dem Marsch des Fortschritts ihren gebührenden Platz neben den Menschen einnimmt. Erst in den letzten zwei oder drei Generationen ist ein Schimmer der Aufklärung von außen in ihren Ruhestandskreis eingedrungen, und aufgrund dieser Offenbarung fordert sie in manchen Kreisen bereits ihre Rechte. Sie beginnt zu begreifen, dass die Fortpflanzung nicht der Hauptzweck des Lebens ist, sondern nur einer seiner Nebenzwecke; dass seine Prozesse von Anfang bis Ende ausschließlich von tierischen Instinkten geleitet werden, unter denen Männer sie gezwungen haben, die besten Teile ihres Lebens zu opfern; Obwohl die Natur ihr den größeren Anteil an diesen Prozessen und all ihren Schmerzen auferlegt hat, hat sie ihr auch Fähigkeiten verliehen, die eindeutig für höhere Positionen als bloße Züchter von Menschen und Befriediger ihrer tierischen Freuden, die so übermäßig angeregt wurden, bestimmt sind die Erde als unintellektuelle und Hauptattraktion der Geschlechter. Sie haben vielleicht nur eine geringe Vorstellung davon, wie sehr dieser rücksichtslose sexuelle Drang zur Ehe, der nicht durch Ihre Gesetze eingeschränkt und durch Ihre Religion gefördert wird, Ihre Reihen der Armut, Kriminalität und Dummheit anschwellen lässt. Ihren Frauen steht in ihrer Abhängigkeit und Unterwerfung nur eine Machtquelle zur Verfügung, und sie haben sie so gut es ging genutzt. Infolgedessen sind die geistigen Qualitäten selbst in der gegenwärtigen Periode Ihrer Zivilisation gegenüber dem üppigen Animalismus des Menschen bei der Gewinnung von Ehemännern kein so gutes Zeichen wie in barbarischen Zeiten.

Es ist das Seltenste unter euch, ein intellektuell verbundenes Ehepaar zu finden, das durch gleiche Bildung und Möglichkeiten dazu qualifiziert ist, bei der Verfolgung hoher Ziele in vollkommener Übereinstimmung und Sympathie zu sein. In Ihren höheren Kreisen findet man gelegentlich eine dieser kongenialen Paarungen , die glücklichsten Bedingungen einer ehelichen Existenz, bei der ein Mann durch gute Erziehung und Erziehung stillschweigend seine Überlegenheit gegenüber Ihren ungerechten Sitten ignoriert; Aber obwohl die Frau mit den Ambitionen und Absichten ihres Mannes in seiner intellektuellen Arbeit einverstanden sein mag, ist sie aufgrund von Bildungsunterschieden selten in der Lage, ihn zu unterstützen. Bei uns hat die Frau mehr als nur Ermutigung zu bieten. Ihr Geist wird Teil des Geistes ihres Mannes und steigert seine Fähigkeiten. Viele unserer größten Errungenschaften in der Gehirnarbeit sind das Ergebnis einer solchen Zusammenarbeit zweier Köpfe, die als Einheit zusammenarbeiten. Die seltenen Fälle, die bei Ihnen vorkommen, sind nur in Ihren gebildeten Kreisen zu finden, darunter, in allen Stufen bis zum Tiefpunkt. Die geistige Gleichheit der Frauen ist häufiger die Quelle des Streits als des Glücks, und

Sie müssen damit rechnen, dass dieser unglückliche Zustand bis zu Ihrem Tod zunimmt haben ihnen ihren rechtmäßigen Platz in der Gesellschaft eingeräumt. Solange ihre Unterwerfung unter Männer aussichtslos war und sie von ihren theologischen Vorgesetzten und von denselben Beratern dazu erzogen wurden, ihren Ehemännern zu gehorchen, ließen sie sich demütig der Misshandlung und dem Leid hin, weil ihnen die Trennung verweigert oder entmutigt wurde, weil sie keine Hoffnung auf Erleichterung hatten; Aber da Ihnen immer klarer wird, dass die Unterwerfung Ihrer Frauen einer der vielen alten Trugschlüsse ist, ebnet die schrittweise Verdrängung dieser Frauen den Weg für die Freiheit der Frau.

Die Natur hat vorgesehen, dass Frauen nur einen Teil ihres Lebens der Mutterschaft und den damit verbundenen Pflichten widmen sollen. Es hat sie zu einer Zeit davon befreit, in der ihr Geist und ihr Körper den meisten Beschäftigungen des Lebens voll und ganz gewachsen sind. Nachdem Sie diese großen Dienste für die Menschheit geleistet haben, haben Sie durch Sitte und Gebräuche festgelegt, dass sie danach nur noch ein unbeachteter Statist auf der Weltbühne bleiben soll. In Ihren unteren Kreisen wird sie zu einer hilflosen Lasterin im Interesse ihrer Kinder, und in den höheren Kreisen wird sie entweder zu einer unwillkommenen Gefolgsfrau im Haushalt einer Tochter oder zu einem mehr oder weniger eingeschränkten Mitglied in der Familie eines Sohnes; Aber in all dem ist ihr Schicksal ein glückliches, wenn man es mit ihrer völligen Verzweiflung in der Welt vergleicht, wenn ihre Kinder durch Einwanderung oder Tod von ihr weggegangen sind. Sie haben ihr keinen Anteil an großen Angelegenheiten gegeben, und sie hat nur wenig Wissen oder Interesse daran. Sie bieten ihr in ihrer Einsamkeit keine Unterhaltung, und durch die enge Schulung ihrer Fähigkeiten, die nur von den unbedeutenden Dingen des Lebens – seinen persönlichen Episoden und Klatschvorfällen – abgelenkt wird, lebt sie ihre verbleibende zwecklose Karriere aus. Dieser bloße Mangel an geistiger Erweiterung wurde ihr als sexuelle Schwäche vorgeworfen, aber man kann mit Sicherheit vorhersagen, dass Männer, wenn sie solchen Bedingungen ausgesetzt gewesen wären, ohne ihr tiefes menschliches Mitgefühl und ihre Religion in völlige geistige Dummheit verfallen wären. Und wenn die Menschen in allen vergangenen Zeitaltern wie sie auf Aufgaben beschränkt gewesen wären, die keine hohen Leistungen erforderten, könnte sich das gegenwärtige Gleichgewicht der geistigen Arbeit nicht zu ihren Gunsten auswirken.

Bei uns darf die Mutterschaft nicht das gesamte Leben einer Frau in Anspruch nehmen. Während wir ihr in Anbetracht ihrer Verantwortlichkeiten und Schmerzen eine Befreiung von allen körperlich anstrengenden Beschäftigungen gewähren, wird sie in allen anderen, denen ihre Fähigkeiten angepasst sind, ermutigt; Dementsprechend ist sie bei uns eine offene Konkurrentin mit Männern in vielen Geschäftszweigen, von denen ihr einige ganz nach allgemeiner Zustimmung überlassen werden. Indem sie ihre Möglichkeiten auf diese Weise vervielfacht, ist sie nicht, wie bei Ihnen in den meisten Fällen, hilflos und abhängig. Sie bewegt sich unter Männern auf Augenhöhe und diskutiert wie einer von ihnen über Geschäftsangelegenheiten und Fragen der öffentlichen Ordnung. Sie schließt sich ihnen beim Outdoor- Sport und bei der Leichtathletik an, in denen sie sich oft auszeichnet, und diese Beziehungen, die die Geschlechter untereinander pflegen und die sich so sehr von der Ihren unterscheiden, verändern ihre Anziehungskraft völlig. Durch die engere Verbindung mit uns wird es Männern und Frauen möglich, einander gründlich zu verstehen. Sie bewegen sich nicht in zwei getrennten Welten wie bei Ihnen, indem sie ihre Charaktere und Gefühle kunstvoll voreinander verbergen und je nach Anlass eine andere Kleidung tragen, um sie zu täuschen. Männer wählen bei uns Ehepartner aus, so wie sie Freunde untereinander auswählen, wobei Sympathie, Gefühl und Aufrichtigkeit die Hauptmotive der Anziehung sind. Es ist nur die allgemeine Unaufrichtigkeit Ihrer Gesellschaft, die in die Ehe hineingetragen wird, die sie in so vielen Fällen unglücklich macht. Sie haben die Kunst der Täuschung und der Lüge so sehr in Ihr Leben eingeprägt, dass sie endlich offen als legitime Methoden der Sparsamkeit verfolgt werden. Es gibt keinen besseren Hinweis auf die Unaufrichtigkeit Ihrer Gesellschaft als diese Großstadtzeitschrift auf Ihrem Tisch. Hier ist ein starker Leitartikel, der die Wahrheit lobt, ein weiterer eine gut geschriebene Predigt über Ehrlichkeit, und auf den anschließenden Seiten, die von denselben Händen autorisiert wurden, Hunderte von Anzeigen in allen Schattierungen der Täuschung, um Unvorsichtige zu fangen. Mit der allmählichen Dekadenz der Gewalt als Mittel, sich gegenseitig auszubeuten, habt ihr die Lüge so kultiviert, dass sie an ihre Stelle tritt, dass das Leben jedes Einzelnen unter euch ständig auf der Hut ist, um seine Interessen zu schützen. Heuchelei in der Religion und Täuschung in der Ehe gehören zu den Lastern, die gegenwärtig Ihre Zivilisation beschämen und unter denen Ihre Frauen immer am meisten leiden müssen, solange Sie sie vom freien Verkehr in den Angelegenheiten der Welt ausschließen.

Der Unterschied in unserer Behandlung von Frauen hat ihre Anziehungspunkte ganz wesentlich verändert. Während wir in einer Frau ohne Erleuchtung keine Schönheit erkennen und ohne ihr Wissen über unsere Welt und ihre Angelegenheiten keine vollständige Gemeinschaft in ihr finden können, werden diese Eigenschaften von Ihnen nicht so sehr berücksichtigt. Der Gedanke an die Fähigkeit, in allem als Gleichberechtigte zusammenzuleben, wird weder von dem einen noch vom anderen in diesen ernsthaften Lebensverträgen hegt. Ihre Frauen stellen ihre Abhängigkeit als eine Tugend hin, und sie wird ebenso wie ihre Sanftmut – wie so oft angenommen – als schmeichelhaftes Angebot an die Machteitelkeit der

Männer akzeptiert. Es gibt selten eine Ehe unter Ihnen ohne die verborgene Befriedigung eines Mannes über seinen neuen Amtsantritt. Jede spätere Entwicklung der Individualität oder charakterlichen Unabhängigkeit der Frauen muss zu Zwietracht führen. In solchen Verträgen begegnen wir einander auf der gemeinsamen Basis der Gleichberechtigung. Es gibt keine politischen oder innerstaatlichen Rechte, die nicht beide gleichermaßen genießen; Folglich werden Frauen nicht zu Schmeicheleien und Täuschungen verleitet, um Männer zu erobern. Aufgrund ihrer Unabhängigkeit und Hilfsbereitschaft wird der Heiratsantrag nie als extreme Chance angenommen, was dazu führt, dass sie verzweifelte Risiken eingehen, unter Bedingungen, die kein Glück versprechen. Dazu habt ihr sie gezwungen, indem ihr alle anderen Türen vor ihnen verschlossen habt.

Sie vermuten vielleicht, dass die Aufnahme von Frauen in Geschäfts- und Regierungsangelegenheiten sie grob gemacht und ihnen einen Charakter verliehen hat, den Sie bei Ihnen als Männlichkeit bezeichnen. Das ist nicht so. Ihr liebenswürdiges Auftreten geht nicht verloren, sondern wird in unseren Geschäftsmethoden vermittelt und vervielfacht. Alle Männer unter den zivilisierten Nationen der Erde werden durch den Umgang mit Frauen weicher. Außerhalb eurer erniedrigten Regionen war dies ausnahmslos der Fall, und ihr habt Beweise dafür bereits in den Fällen unter euch, in denen Frauen sich in Angelegenheiten außerhalb des Haushalts eingemischt haben. Wenn sie mit überlegener Intelligenz und Charakterstärke ihren Weg zu Erfolg und Ruhm unter den Bestrebungen der Männer gefunden haben, haben sie in jedem Fall die sanfte Weiblichkeit mit sich getragen, die ihnen von Natur aus innewohnt. Ihre oft geäußerten Befürchtungen, durch das Eingeständnis der Gleichberechtigung zu verhärten oder gar zu verletzen, sind nicht ganz aufrichtig. Um gute Beziehungen zu ihnen aufrechtzuerhalten und ihre Zustimmung zu behalten, mussten Sie viele Ihrer zweifelhaften geschäftlichen und politischen Methoden vor ihnen verbergen, und Sie zögern, sie in diese Bereiche mit Ihnen aufzunehmen, nicht mehr aus Angst vor ihnen Kontamination, als die Offenlegung von Wegen, die Sie bisher so sorgfältig verschwiegen haben. Unter Ihnen gibt es so manchen erfolgreichen Politiker oder Geschäftsmann, der sich vor seiner Frau und seinen Freundinnen als Held der Finanzen oder der Staatskunst ausgibt, der dies nicht tun könnte, wenn sie ihm das Wissen über die Vorfälle und Manipulationen mitgeteilt hätten, die dazu geführt haben über seinen Erfolg. Respekt vor Frauen und die Achtung ihrer Wertschätzung, die über die der Männer hinausgeht, ist eine menschliche Eigenschaft, die in Ihrer gesamten Geschichte zum Ausdruck kommt. Es war die Inspiration für Ihre besten Gedichte und Ihre bewegendste Liebesgeschichte. In eurem Mittelalter , unter dem, was bei euch als Ritterlichkeit bekannt ist, hat es euch zu tugendhaften Taten geführt, bei der Aufrechterhaltung der Rechte, weit über die vorherrschende Unterdrückung hinaus. Wie sehr das Verhalten der

Männer durch die Achtung der guten Meinung der Frauen verändert und ihre bösen Neigungen unterdrückt werden, kann jeder Mann durch eigene Prüfung beurteilen. In wie vielen gefährlichen Momenten wurde die Versuchung durch die Angst vor bösen Berichten an eine liebevolle Ehefrau, Mutter, Schwester, Tochter oder Freundinnen beiseite geworfen, obwohl es kein Hindernis gewesen wäre, allein die gute Meinung der Menschen zu opfern?

Durch unsere größere Aufmerksamkeit für die Gesundheitsgesetze und unsere staatliche Einschränkung ungesunder Ehen, die ich Ihnen weiter unten beschreiben werde, haben wir bei Frauen einen weitaus größeren Durchschnitt an körperlicher Perfektion entwickelt, der bei Ihnen herrscht. Damit verbunden sind weitere Vorteile, die unsere Frauen über Ihre hinaus genießen und die ihre persönliche Attraktivität und Schönheit enorm steigern. Ihre gleichen Bildungschancen in unserem System, von denen sie nicht zögern, Gebrauch zu machen, die Hoffnung und Sparlosigkeit unserer Religion und das Interesse, das sie an großen Angelegenheiten zeigen, sind in ihrem Verhalten und ihrer Physiognomie so deutlich ausgeprägt, dass sie es nicht erwarten können machen sie zu sehr unterschiedlichen Wesen. Da wir Schönheit schätzen, gibt es nur hier und da eine Frau , die sich mit ihnen messen kann. Unter Ihrer Masse an Frauen sind für uns der Gesichtsausdruck ihrer langen Unterwerfung und die damit verbundenen Bedingungen auffallend erkennbar. Gesichtszüge, wie perfekt sie auch sein mögen, ohne das Licht der Bildung und des Wissens, und die dazu bestimmt sind, in ehelicher Verbindung von den Sorgen einer überreizten Mutterschaft getrübt und von einer bedrohlichen und abergläubischen Religion niedergeschlagen zu werden, hätten keinen Reiz darauf jedes Mitglied unserer Gesellschaft. Bei uns spiegeln ihre Gesichter das Bewusstsein absoluter Gleichheit wider und werden von täglichen religiösen Pflichten erleuchtet, die gemäß unserem Glauben darin bestehen, die Lebenswege angenehm und seine Wege friedlich zu gestalten und in allen Dingen auf dem Weg zu helfen Verbesserung unserer selbst und der Gesellschaft, bei deren Prozess es unsere Religion ist, zu unterstützen und bei deren Umsetzung sie mit uns als Gleichberechtigten zusammenarbeiten, um sie zu erreichen.

KAPITEL XIII.

SIE müssen schon vorher geahnt haben, dass sich unsere Gesellschaft, was die schnelle Anhäufung von Reichtum betrifft, in jenem stationären Zustand befand, den Ihre Ökonomen als das Ende allen materiellen Fortschritts so sehr fürchteten. Die Annahme Ihrer Denker, dass jede dauerhafte Verringerung der Wohlstandsproduktion der Vorbote einer Katastrophe für die Gesellschaft sei, ist einer dieser Fehler, die sich leicht aus der Umgebung Ihres gegenwärtigen Entwicklungsstadiums erklären lassen. Ihre Erfahrung lehrt Sie, dass dort, wo die wohlhabendmachenden Energien ihre höchste Wirkungsstufe erreichen, alle anderen Kräfte Ihrer Zivilisation gleichermaßen voranschreiten; und wo andererseits Kapital und Reichtum eingeschränkt sind, herrscht ein Zustand allgemeiner Stagnation. Sie werden jedoch feststellen, dass diese gegensätzlichen Bedingungen vor allem das Ergebnis unterschiedlicher Intelligenz- und Wissensgrade und folglich unterschiedlicher Ambitionen sind. Ihre Ziele, auch die höheren, sind so untrennbar mit Reichtum als Mittel, mit dem sie gefördert werden, verbunden, dass Ihre Anreize, Reichtum zu erwerben, zu einem Teil Ihrer intellektuellen Verfassung geworden sind. Wo die Strafe einer verbesserten finanziellen Lage darin besteht, alles zu verlieren, was das Leben wünschenswert macht, sogar die Möglichkeit, mit der besseren Klasse in Kontakt zu kommen, und die Nachkommenschaft der Erniedrigung und Verachtung preisgegeben wird, die mit begrenztem Wissen einhergeht, kann dies vernünftigerweise der Fall sein Es ist zu erwarten, dass der Kampf um Reichtum heftig sein wird. Ebenso ein Anreiz sind die unzähligen Gewinnmöglichkeiten, die überall für die Investition von Kapital offen stehen, und die bemerkenswerten Gewinne, die anfallen, um den Geist des Geldverdienens aufrechtzuerhalten. Sie werden mir sicherlich zustimmen, dass dieses gegenseitige Zerquetschen, Ellbogenstoßen und Auf-die-Fersen-Treten bei dem Versuch, an Geld zu kommen, nicht die bestmögliche Form oder Art der Gesellschaft ist; insbesondere, da Sie nicht alle in diesem Kampf fair und gleichmäßig gerüstet sind, Die Masse Ihres Volkes profitiert nicht davon, und das Ergebnis ist nur, dass sich die Einkommen einiger weniger verdoppeln.

Stagnation ist nicht unbedingt ein Zustand des stationären Zustands, wie viele Ihrer Autoren Sie glauben machen wollen. Es handelt sich lediglich um eine Revolution der Ziele der Gesellschaft, die durch unvermeidliche Veränderungen herbeigeführt wird und die Ihre Zivilisation früher oder später zwangsläufig erreichen wird. Jede neu angewandte Wissenschaft und Erfindung und vor allem jeder Hektar Land, der bewirtschaftet wird, lässt diese von Ihnen so gefürchtete Zeit in fernere Ferne rücken; aber du wirst trotzdem dazu kommen. Es wird lediglich ein Verbrauch aller Ressourcen des Kapitals sein, um sich SCHNELL zu vermehren. Während Ihrer gegenwärtigen progressiven Periode präsentiert uns Ihre Gesellschaft, sofern dieser Begriff auf die schnelle Anhäufung von Reichtum anwendbar ist, einen Aspekt der Söldneraufgabe, der über alles hinausgeht, was wir jemals selbst erlebt haben, und mit dem vollen Wissen über das kommende Ende Wir sehen mit großem Interesse dem Zeitpunkt entgegen, an dem Sie den stationären Zustand erreichen werden.

Wenn Sie sich der Zeit nähern, in der die verringerten Gewinne des Kapitals die große Aktivität und Aggressivität, die es jetzt charakterisieren, entmutigen werden, werden nach und nach einige sehr große Veränderungen herbeigeführt. Unter der Annahme, dass die Arbeit sich weiter aufklärt, wird sie langsam ihr Verhältnis zum Kapital verändern, so dass sie am Ende nicht wie jetzt unten, sondern wie bei uns oben sein wird. Viele der Wege, auf denen sich Reichtum jetzt vervielfacht, werden abgeschaltet, und da sein Erwerb für die Ehre des Lebens nicht mehr unentbehrlich ist und die Schwierigkeiten, ihn in größerem Umfang zu erlangen, zunehmen, wird die Gesellschaft nicht mehr so intensiv ihrem Individuum gewidmet sein Akkumulation. Ihre geistigen Aktivitäten werden mehr auf andere Motive ausgerichtet sein. Die Beseitigung von Abfällen und die Bereitstellung der lebensnotwendigen Güter werden ungefähr alles sein, was für die Beschäftigung Ihrer Industrien übrig bleibt, und das Kapital wird innerhalb dieser Grenzen genug zu tun haben, um sich mäßig zu vergrößern. Innerhalb dieses engeren Bereichs wird sich der begrenzte Reichtum jedoch mit einem Einkommen versorgen können, das ausreicht, um die Gewohnheiten des umsichtigen Sparens aufrechtzuerhalten und zu belohnen. Obwohl es äußerst schwierig sein wird, großen Reichtum zu erlangen, wird eine angemessene Kompetenz für alle erreichbar sein; denn die aufgrund der geschwächten Macht des Reichtums in den Vordergrund tretende Arbeiterschaft wird ihren verdienten Platz in den Kräften der Wirtschaft und Gesetzgebung einnehmen und einen gerechteren Anteil an den Gewinnen der Industrie fordern und erhalten.

Nach dem Fortschritt der Zivilisation und des Wissens über einen bestimmten Zeitraum hinaus werden die Ambitionen und Bedürfnisse eines Volkes reichlich Anreize bieten, die Gesellschaft in einem Zustand der Aktivität zu halten. Die Energien des Lebens werden angeregt, und zwar nicht so sehr durch die großen gelegentlichen Belohnungen, die einige wenige erhalten, wie Preise in einer Lotterie, sondern vielmehr durch die stetige und sichere Belohnung für die täglichen Taten an alle. Die Fähigkeit, durch Fleiß einen beträchtlichen Gewinn zu erzielen, der über die täglichen Lebenskosten hinausgeht, reicht aus, um die geistigen und körperlichen Energien am Leben zu erhalten, und führt mit Sicherheit zu jenem allgemeinen Zustand der Hoffnung, der mehr als alles andere die Sparsamkeit fördert und den Ehrgeiz anregt.

Es mag etwas im Widerspruch zu Ihren Ansichten über die politische Ökonomie stehen, wenn Sie glauben, dass eine Verringerung der Macht und des Wertes des Kapitals die Arbeit nicht in entsprechendem Maße schwächen wird. Sie müssen jedoch bedenken, dass sich der stationäre Staat, wie er in unserer Gesellschaft zum Ausdruck kommt, von Ihrem fortschrittlichen Zustand nicht durch eine geringere Kapitalfülle, sondern durch eine bessere Verteilung, stärker abhängige Beziehungen und geringere Vergleichsgewinne unterscheidet. Daraus folgt ganz selbstverständlich, dass der Besitz einer größeren Menge an Arbeitsprodukten erforderlich ist, um diesen als Kompetenz bezeichneten Lebenszustand zu erreichen, als dies bei Ihnen der Fall ist. Aber durch eine in jeder Hinsicht wohlbestimmte Regelung zu Gunsten der Arbeitenden, die eine angemessene Spanne zwischen Einnahmen und Ausgaben sichert, ist die begehrte Unabhängigkeit immer in Reichweite.

In unserem System, in dem das Kapital in verhältnismäßig kleinen Teilen unter den Massen verteilt wird und keine so außerordentlichen Verwendungszwecke und auch keine so hohen Zinssätze wie bei Ihnen hat, nimmt es seinen natürlichen Platz als Ergänzung zu allen Unternehmungen der Arbeit ein. Alle unsere Werke werden konsequent durch Kooperation betrieben. So etwas kennt man auf unserem Planeten nicht, wenn der Eigentümer eines Produktionsbetriebes nach Belieben und Vergnügen die Löhne vielleicht einer ganzen Gemeinschaft arbeitender Menschen drückt. Wenn für die Herstellung eines nachgefragten Produkts eine Niederlassung erforderlich ist, betreiben unsere Arbeiter dies als ein Geschäft, das ganz ihnen selbst gehört, und es mangelt ihnen nie an Mitteln, dies zu tun.

Die völlige Hilflosigkeit Ihrer Arbeiterklasse ist nicht ausschließlich auf ihren erzwungenen geringen Anteil an den Gewinnen der Industrie zurückzuführen. Wem es unter ihnen durch größere Abstinenz oder auf andere Weise gelingt, einen beträchtlichen Teil seines Einkommens zu sparen, der beeilt sich, entweder seine Situation in die eines Arbeitgebers zu ändern, wo ihn Eigeninteresse dazu neigt, niedrige Löhne zu bevorzugen, oder er sucht nach größeren Ermutigungen von außen ein Berufswechsel. Durch diesen Prozess werden Kapital und Arbeit ständig getrennt, und in den Reihen Ihrer Arbeiter bleiben nur diejenigen übrig, deren Bedürfnisse sie dort festhalten.

Unter den gegebenen Umständen wird die Arbeit zum vorteilhaftesten Lebensunterhalt, wenn wir der Arbeit alle Einkünfte des Fleißes verleihen. Bei einem Lohn in einheitlicher und fester Höhe, von dem keine Abweichung außer einer Erhöhung möglich ist, legt der Arbeiter seinen

Überschuss an, bis dieser innerhalb einer angemessenen Zeit dazu gebracht werden kann, einen Dienst zu leisten und die Früchte zu vergrößern seine Mühe.

In unserer Gesellschaft gibt es keine Möglichkeit und niemand hat die Hoffnung, durch Zufall an Geld zu kommen. Wir halten es für ein demoralisierendes Übel, dass Reichtum ohne Fleiß erlangt wird. Die geistige Qualität, die Sie unter dem Namen Klugheit ehren und die selten davor zurückschreckt, aus den Verlusten und sogar dem Elend anderer Profit zu schlagen, würde in jeder Gemeinschaft auf unserem Planeten aufgrund des damit verbundenen Hasses das Leben als Belastung empfinden. Das Privileg, ein individuelles Vermögen aufzubauen, indem man die Substanz des ganzen Volkes in einem unbegrenzten Ausmaß nutzt, das ein skrupelloser Einfallsreichtum ersinnen kann, ist eine der Besonderheiten Ihrer Zivilisation. Dieser allgemeinen Lizenz mit ihrer sehr geringen Einschränkung ist der Großteil Ihres sozialen Elends zuzuschreiben. Die Lektionen, die Ihrer Jugend beim allerersten Blick auf die Angelegenheiten des Lebens vermittelt werden, sollen sie von der Überzeugung überzeugen, dass Erfolg nicht so sehr etwas für die Starken und Rücksichtsvollen ist, sondern vielmehr für die Vorsichtigen und Gerissenen; und dass das Geschäft, Wohlstand zu schaffen, im Vergleich zu den vielen erfolgreichen Künsten und Plänen, ihn nach seiner Produktion zu erfassen, von geringster Bedeutung ist. Überall unter Ihnen ist das Beispiel des Geldverdienens ohne Verlust von Ehre oder Respekt zu beobachten, durch die Methode, von anderen zu profitieren, indem man ihre Bedürfnisse, übermäßige und ungerechtfertigte Teile ihres Vermögens für irgendeine erbrachte Dienstleistung ausnutzt . Die Folge ist, dass das Leben mit Ihnen ständig erneuert wird, einerseits durch Personen mit mehr oder weniger geerbtem Kapital, die dazu erzogen wurden, zu glauben, dass die Existenz ein Spiel ist, deren Gewinnerbeispiele die besten Leitfaden sind, denen man folgen kann; und auf der anderen Seite durch die große Masse erblicher Arbeiter, die sich der bloßen Gewalt der Notwendigkeit und des Gebrauchs als Opfer unterwerfen. Dieser Zustand Ihrer Zivilisation bringt viele Ihrer niederen Gefühle als unverzichtbare Instrumente des Erfolgs ins Spiel. Wenn der Egoismus der Hauptgrund für die Sparsamkeit ist, wird praktische Nächstenliebe nur durch ungewöhnliche Provokationen geweckt. Die Nöte des Daseins werden von anderen als den Leidenden unter euch nicht gesehen und nicht wahrgenommen, ebenso wie eure Sinne sich der Anwesenheit störender Einflüsse nicht mehr bewusst werden, deren Unterdrückung für euch unrentabel erscheint. Die Notwendigkeit, dass jeder in seinen erbitterten Lebenskämpfen auf sich selbst achten muss, macht ihn gegenüber anderen gleichgültig. Doch Wohlwollen wohnt in all euren Herzen als eine göttliche Eigenschaft, die nicht vollständig zerstört werden kann, egal wie vernachlässigt man sie kultiviert. Wie das verzögerte Keimen eines Samens in einem zu tief über dem Boden liegenden Boden kommt es hier und dort unter günstigen Bedingungen mit zunehmender Häufigkeit unter euch ans Licht und offenbart euer Schicksal so unfehlbar, wie der goldene Horizont das Kommen der Sonne ankündigt.

Der Unterschied im Grad, in dem jedes Individuum das Gemeinwohl im Vergleich zu seinem eigenen Wohlergehen wahrnimmt, markiert den Fortschritt in Richtung Vollkommenheit in der Gesellschaft. Ihr tragt durch eine göttliche Vorkehrung die Elemente dafür in euch. Ihre Geschichte ist voller Beispiele, die beweisen, dass Selbstaufopferung eine Tat ist, die größere Anerkennung hervorruft als jede andere. Alle Ihre normalen mentalen Organisationen sind mit der Neigung ausgestattet, anderen zu helfen, was nur durch die Bedingungen Ihrer Gesellschaft durch einen Interessenkonflikt eingeschränkt wird. Was jetzt in Ihren höheren Fähigkeiten während Ihrer gegenwärtigen Entwicklung ein Vergnügen ist, wird durch weiteren Fortschritt und Kultivierung zu einer Leidenschaft und durch ein noch ausgedehnteres Streben zu einer Notwendigkeit für die Ruhe und Freude Ihres Lebens. Kindliche und elterliche Liebe aus reinen Instinkten hat sich bei euch zu den erfreulichsten Neigungen entwickelt. Sexuelle Affinität hat sich in Ihren höheren Kreisen von ihrem Ursprung in brutalem Verlangen in ein reines und zärtliches Gefühl desinteressierter Rücksichtnahme verwandelt. Vor nicht allzu langer Zeit wurden eure Verrückten wie Tiere an Pfähle gekettet. Ihre Infizierten wurden am Straßenrand dem Sterben überlassen. Eure Gebrechlichen waren von der Sicht verschont, von Ungeziefer in ihren Lumpen zerfressen. Sie beherbergen, kleiden und kümmern sich jetzt um all dies mit fast der Fürsorge, die Eltern ihren Kindern entgegenbringen. Wenn Sie sich jetzt eine Zeit lang der Präsenz dieser alten Unmenschlichkeiten aussetzen und ihre störenden Auswirkungen auf das Glück Ihres Lebens beobachten würden, wäre dies ein angemessener Maßstab für Ihren Fortschritt in Richtung des stationären Zustands.

Angenommen, Sie gehören zu einem Publikum, das sich versammelt hat, um Freude an einer Aufführung auf der Bühne zu haben, dann würde Ihre Freude in hohem Maße von den Manifestationen der Zustimmung abhängen, die Sie umgeben. Jeder Ausdruck der Unzufriedenheit würde Ihnen das Vergnügen verderben, ganz gleich, worauf er zurückzuführen ist. Sie könnte zum Beispiel aus unfairen Sichtmöglichkeiten entstehen oder aus dem usurpierten Privileg einiger, die Sicht anderer zu behindern. Ihre Neigungen, die keinem höheren Motiv als dem Eigeninteresse entspringen , würden Sie dazu veranlassen, dazu beizutragen, den Zustand allgemeiner Zufriedenheit herbeizuführen, der für Ihr eigenes Wohlbefinden und Glück unerlässlich ist. Dies veranschaulicht eines der Motive, die uns in unserem Entwicklungsstadium dazu drängen, dafür zu sorgen, dass jeder Einzelne möglichst gleiche Privilegien in der Gesellschaft genießt. Ohne sie ist Glück einfach nicht möglich.

Ihre Moralisten könnten argumentieren, dass eine tiefe und innige Sympathie für das Unglück anderer uns ständig so unglücklich machen würde, dass das Leben unerträglich wird. Als Antwort darauf müssen Sie nur bedenken, dass, wenn Sie von all Ihren Übeln diejenigen trennen, die Ihnen entweder direkt oder aus der Ferne durch Ihren unvollkommenen sozialen Zustand zugefügt werden, außer dem Tod und den damit verbundenen Sorgen nur noch wenige übrig bleiben. Und es besteht die Möglichkeit, dass diese wenigen, die vollständig unter den Rubriken Krankheit und Unfälle zusammengefasst werden, durch bessere Lebensweisen noch stärker geschmälert werden.

Dass Sie sich langsam und allmählich dem stationären Zustand nähern, beweisen eindeutige Beweise. Sowohl materielle als auch spirituelle Hinweise bestätigen diesen Glauben. Man kann leicht beobachten, dass der Reichtum in den Händen weniger seine Chancen auf schnelles Wachstum verliert. In euren ältesten fortgeschrittenen Regionen hat es seine Ressourcen bereits so weit ausgeschöpft, dass es sich bemüht, im Ausland Gelegenheiten für eine gewinnbringende Nutzung zu finden. Ohne das Bodenmonopol, das es ihm ermöglicht, aus der Industrie einen Betrag für seine Dienstleistungen zu ziehen, der in keinem Verhältnis zu seinem Wert anderswo steht, wäre er dem stationären Staat viel weiter fortgeschritten.

Eines der größten Hindernisse, die sich Ihrer Annäherung an die perfekte Gesellschaft entgegenstellen, ist Ihre Neigung, über Dinge zu theoretisieren und zu spekulieren, die Ihnen nicht bekannt sind. Wir haben ein Sprichwort: Wer seine Füße in die Luft bringt, ist verloren. Damit wollen wir die Idee vermitteln, dass alle Spekulationen, die nicht auf positivem Wissen basieren, so völlig wertlos sind, dass jede Nachsicht darin für die Gesellschaft nutzlos ist. Unter uns ist die Meinung unumstritten, dass die Bewohner der Erde zu geneigt sind, ihre Füße in die Luft zu heben. Und doch ist gerade die Leichtigkeit, mit der dieses Unglück unter euch herbeigeführt wird, ein Beweis für eure Güte. Ihre Neigung zur Tugend ist Ihre schwache Seite in der Herangehensweise, und all Ihre angeborene und intuitive Nächstenliebe, die Sie in all diesen Jahrhunderten an sich selbst ausgeübt haben könnten, ist zu einem großen Teil für Ihre Erlösungspläne verschwendet worden, bei denen Sie keine Gewissheit haben was auch immer, außer den wilden Versprechungen der Fantasie. Wenn Sie völlig verstehen, dass Glück, wahrer Wohlstand, Tugend und sogar Schönheit nur Synonyme für Wahrheit sind und dass Elend, Verbrechen, Unglück und Hässlichkeit nur andere Bezeichnungen für Falschheit sind, werden Sie keine Angst mehr haben oder zögern Suchen Sie nach der Wahrheit, die alte Überzeugungen zerstört, auch wenn diese Suche Ihre am meisten geschätzten Traditionen in Luft auflöst. Nach einer Weile begreift man, dass eine Wahrheit nur Gutes verbreiten kann; und dass eine Lüge, egal wie ehrwürdig mit zunehmendem Alter oder wie respektabel durch Adoption, kaum etwas anderes als Böses hervorrufen kann. Ihre Glaubensbekenntnisse haben Sie angezogen und tief in Ihre Zuneigung eingedrungen, weil in ihnen die göttlichen Gefühle der Güte in Ihnen gesammelt sind, aus denen sie alle in ein angebliches Monopol gekleidet sind. Ihre Tugenden werden innerhalb ihrer engen Grenzen in den Dienst gestellt, und Ihre Energien und Ihr Vermögen werden in der Arbeit, ihren Einfluss zu vergrößern, verbraucht, während das fruchtbarere Material für Ihre Wohltätigkeitsorganisationen in den Übeln und dem Elend Ihrer Gesellschaft vernachlässigt wird.

Die Erde ist deine Herrschaft. Tritt fest darauf. Denken Sie daran, dass es in Ihre Obhut genommen wurde und dass Ihr Volk allein für seinen sozialen Zustand verantwortlich ist. Wer dabei hilft, dies zu verbessern, dient der Gottheit besser als jemand, der sein Leben mit Kniebeugen und Gebeten verbringt. Wenn Sie sich umschauen zwischen den elenden Kriminellen unter Ihnen, den Bestraften und den Ungestraften, den Verarmten und den traurigäugigen, vernachlässigten Kindern; Wenn Sie die nicht unterdrückten Versuchungen zum Bösen, die nicht anerkannte Tugend und die ungleichen Möglichkeiten für individuelle Weiterentwicklung sehen, sollten Sie bedenken, dass all dies nur Beweise für die Verletzung des Vertrauens sind, das Ihnen von der göttlichen Intelligenz auferlegt wurde. Es gibt vielleicht kein Schauspiel auf der Erde, das bei den Bewohnern des Mars mehr Mitleid hervorruft, als die ständige Verschwendung eurer besten Seiten, indem ihr euch den Zwängen eurer Seher unterwirft, die euch von euren Pflichten abbringen, nach der Theorie, dass Die Erde ist lediglich ein Schlachtfeld und ein Feld der Eroberung für die Aufrechterhaltung ihrer Lehren, alles andere auf ihr ist leere Eitelkeit. Sie haben Sie vom eigentlichen Geschäft Ihres Lebens abgehalten und Sie fasziniert, indem sie Sie abwechselnd mit unwirklichen Fantasien erschreckten und erfreuen; mal ein Paradies und mal ein Albtraum. Sie haben dich in einen ewigen Schatten verwickelt und dich bis zu deiner himmlischen Geburt von allen Hoffnungen auf Helligkeit entmutigt. Indem sie nur deine gröberen Teile zur Schau stellen und mit der Rache eines strengen und launischen Gottes ihrer eigenen imaginären Schöpfung drohen, degradieren sie dich und schmälern deine Vorstellungen von der Gottheit. Ihr könntet eure Gesichter mit noch größerer Aufrichtigkeit nach oben beugen, wenn ihr, anstatt all die Jahrhunderte mit den Füßen in der Luft den Phantomen zu folgen, eine wahrhaftigere Interpretation der göttlichen Absicht zeigen könntet, ein glücklicheres und vollkommeneres Zusammenleben zu schaffen.

KAPITEL XIV.

ICH LEBE in einer Stadt auf dem Mars, die in Bezug auf Bevölkerung und Größe eine der ersten auf unserem Planeten ist. Gemäß unserer Sitte, solche Orte mit Qualitätsnamen zu bezeichnen, würde sie in eurer Sprache als „Stadt des Guten Willens" bekannt sein. Da es sich um den Typ aller anderen handelt, sind Ihnen einige seiner allgemeinen Merkmale bereits bekannt. Ich werde Ihnen jedoch eine ausführlichere Beschreibung unserer Gesellschaft und Umgebung geben, allerdings nur in der hastigen und unvollkommenen Art und Weise, die diese Gelegenheit bietet.

Mit weitgehend den gleichen Gefühlen und Neigungen wie Sie und mit der Liebe und Kultivierung des Schönen, die wir als Element unserer Religion verfolgt haben, ohne wie bei Ihnen von jenen Wahnvorstellungen unterbrochen zu werden, die die Kunst zerstören, sind wir in dieser Richtung weit über Sie hinausgekommen .

Es ist ein Zufall, der die Einheit aller Intelligenz im Universum beweist, dass wir eine Architektur entworfen haben, die der Ihres antiken Griechenlands nicht unähnlich ist. Unsere isolierten Außenbereiche, wie zum Beispiel Villen und Landhäuser, weisen große Ähnlichkeit mit einigen Ihrer antiken Stile auf. In unseren Städten waren wir gezwungen, uns an die Bedingungen der Luftschifffahrt anzupassen, die unsere erhabene Verzierung stark einschränkte und uns in unseren Projektionen ein System von Kurven anstelle von Winkeln aufzwang.

Einer der bemerkenswertesten Unterschiede zwischen Ihrer Konstruktion und unserer ist das Material und die Form unserer Dächer, die einheitlich aus massivem Glas bestehen und kuppelförmig sind. Die Masse wird in plastischem Zustand aufgetragen, härtet in kurzer Zeit aus, ist rein transparent und lässt sich kaum brechen wie Stein. Das Obergeschoss eines jeden Hauses wird auf diese Weise zur Hauptlichtquelle für sein Inneres, und durch raffiniert geformte horizontale Vorhänge kann es nach Belieben abgedunkelt werden. Wir glauben, dass dies eine der wichtigsten sanitären Einrichtungen ist, die wir besitzen, und auf die vor allem die Gesundheit und Vitalität unseres Körpers zurückzuführen ist. In diesen hellen oberen Wohnungen baden wir in der Sonne und genießen das ständige Blühen und den Duft der Blumen.

Durch eine natürliche Anpassung sind diese Glasdächer untrennbar mit unserem religiösen Leben verbunden. Unser Interesse an den wunderbaren nächtlichen Ausstellungen, die sie ermöglichen, wird durch das allgemeine Wissen, das wir über den Charakter und die Bewegungen der Himmelskörper erworben haben, gesteigert. Infolgedessen gibt es nur wenige unter uns, die

die Bahnen und Richtungen der Planeten nicht beschreiben können; und man kann mit ziemlicher Sicherheit sagen, dass die Mehrheit unseres Volkes die Perioden der Opposition und Konjunktion zwischen ihnen berechnen kann. Keine andere Ausstellung nährt und stimuliert unsere religiösen Impulse so sehr wie die großartige Demonstration göttlicher Macht in den unaufhörlichen Bewegungen der Sphären. Wir bringen das Spektakel in unsere Haushalte und leben damit. Es ist der Altar, auf dem wir das große Unsichtbare verehren.

Jeder Gebäudeblock wird von einem einzelnen Dach mit dem von mir beschriebenen transparenten Charakter überragt. Auf diese Weise haben wir den gesamten Raum für Wohn- oder Geschäftszwecke genutzt und die unansehnlichen Hinterhöfe verhindert, die die Städte der Erde verunstalten und ihren hygienischen Zustand verschlechtern. Normalerweise gibt es außer in den unteren Stockwerken keine Trennwände, und die abgeflachten, kuppelförmigen Dächer dieser hohen oberen Wohnungen, insbesondere wenn sie über Wohnhäusern liegen, werden von einer Reihe kunstvoll gearbeiteter und dekorierter Säulen und Bögen getragen, und ihre Innenräume sind mit wachsenden Blumen geschmückt und Statuen, um ein entzückendes Resort einzurichten, das bequem zur Nachbarschaft liegt und für alle offen ist.

Diese weitläufigen Säle sind eine Notwendigkeit für den sozialen Charakter unseres Volkes. Sie können sich vorstellen, wie ein Verkehr, der auf vollkommener Gleichheit basiert und auf der vorrangigen Idee beruht, Vergnügen zu erlangen, indem man es schenkt, durch die uneingeschränkte und unausgewählte Zahl der Teilnehmer zu noch größeren Freuden führen würde. Musik und Tanz sind bei uns ein Genuss, der Ihr Erlebnis übersteigt. Wir genießen die Vorteile der atmosphärischen Bedingungen und eines Grades an Gravitationskraft, die speziell dazu geeignet sind, diese Freuden zu steigern. Der Ton unserer Stimme, selten ohne Kultivierung, erhält in unserer Atmosphäre eine Ihnen unbekannte Energie und Brillanz. Eine Kombination ausgebildeter Stimmen ist bei uns der Instrumentalmusik so weit überlegen, dass letztere nur als Neuheit bekannt ist. Da die Schwerkraft bei uns geringer ist, sind unsere Körper viel leichter als Ihr Körper und unsere Bewegungen sind daher luftiger und anmutiger. Bei Bewegungen wie dem Tanzen wird weniger Muskelenergie verbraucht und es entsteht ein größeres Vergnügen.

Unter diesen riesigen transparenten Kuppeln tanzen wir und singen unsere Lobeshymnen auf die Gottheit, während wir auf das Universum der Planeten und Sterne blicken, ohne etwas zu verlangen, sondern unsere Stimmen im Rhythmus von Poesie und Musik zu vereinen, um uns für die Freuden zu bedanken des Lebens, und für die Führung, die uns von den tödlichen Aberglauben unseres Nachbarplaneten befreit hat, und für die Intelligenz, die uns dazu geführt hat, unsere wahren religiösen Pflichten darin zu finden, unsere besseren Impulse in unseren eigenen Aktionsfeldern auszuüben.

Über unseren Geschäftsräumen dienen diese Obergeschosse, weniger verziert und gut belüftet, als Fabriken und Werkstätten , wo die Sonnenstrahlen, die aufgrund unserer größeren Entfernung nicht so intensiv sind wie bei Ihnen, hereingelassen werden, um die Stunden aufzuhellen derer, die schuften. Unter diesen Industriestandorten herrschen Bedingungen, die Sie überraschen würden. Neben dem Eingang befindet sich jeweils ein unverzichtbarer Vorraum, in dem sich eine Reihe von Arbeitern, die sich an den bequemen Möbeln erfreuen, auf den Beginn der dreistündigen Schicht freuen. Sie sind alle leicht vertraut, doch unter ihnen kann man den Präsidenten des Großen Rates finden, der die Angelegenheiten der Stadt verwaltet, den Dozenten, der dem Tempel vorsteht, und andere prominente Würdenträger, gemischt mit den anderen, die nichts erreicht haben Ehrungen außerhalb der Werkbank. Am meisten gelobt wird unter ihnen derjenige, der in seinem Beruf gerade eine Stufe höher gestiegen ist. Er hat erreicht, was in Ihrer Gesellschaft den Ehren eines Hochschulabschlusses gleichkäme, mit dem sehr wesentlichen Unterschied zu seinen Gunsten, dass sein Einkommen für die kommenden Jahre, und vielleicht sogar sein ganzes Leben lang, dauerhaft durch eine Erhöhung erhöht wird Wert für seine Arbeit. Keine Konkurrenz wird in unserem System jemals seine Leistung wertlos machen.

Ihre Bildungsgrade sind im Vergleich zu dieser gewinnbringenden Auszeichnung nur leere Ehren. Sie sichern sich keine sicheren Belohnungen für den Wissenserwerb, der sein Pergament der Anerkennung gewonnen hat, und der Inhaber genießt nur den geringen Vorteil, den sein Zertifikat sichert. Sein Abschluss bringt ihm kein Geld ein, und die Ehre seiner Karriere bleibt ungewiss, da all seine Kämpfe noch vor ihm liegen. Unser Arbeiter erhöht auf jeder Stufe seines Aufstiegs sein Einkommen, unter der Sicherheit und dem Schutz unserer industriellen Methoden, mit der Sicherheit und Stabilität einer staatlichen Rente.

Doch während wir es für klug hielten, die handwerklichen Fähigkeiten zu würdigen und zu schützen, war die körperliche Stärke unseres Volkes schon seit vielen Jahrhunderten Gegenstand allgemeiner Aufmerksamkeit. Unter den Werken des Höchsten Autors, mit deren Vervollkommnung und Verschönerung er beschäftigt ist, ist auf eurem Planeten sicherlich der Mensch selbst der wichtigste, sowohl als Tier- als auch als Geisteswesen. Da ein träger, schwacher und passiver Körper normalerweise mit einem Geist desselben Charakters verbunden ist, verbessert sich die Gesellschaft nur durch die gemeinsame Kultivierung beider. Sie haben genügend Beweise für die untrennbare Verbindung zwischen geistiger und körperlicher Energie, und doch hat Ihre Kultivierung des Körpers nur wenig Aufmerksamkeit erregt. Es scheint uns einer der schwerwiegendsten Einwände gegen Ihre religiösen Abstraktionen zu sein, dass der Geist von ihnen allen dazu neigt, den großen Dienst gesunder Sehnen und Nerven für den Fortschritt der sozialen Verbesserung zu leugnen oder herabzusetzen.

Überall auf der Erde findet man geistige Stagnation, wo Anreize zu Muskeltätigkeiten, aus welchen Gründen auch immer, unterdrückt werden, und aus Erfahrung weiß man, dass der Verfall der geistigen Kraft durch die Befreiung von der Notwendigkeit körperlicher Betätigung die Muskeln gezwungen hat und Muskeln Ihres Alters, in mehr als einem Fall, um bei der Verwaltung von Angelegenheiten an die Spitze zu kommen.

Von der Zivilisation wird erwartet, dass sie ab einem gewissen Grad ihres Fortschritts Aufgaben übernimmt, die bis dahin nur von der Natur treu erfüllt wurden. Wie eine gute Mutter hat sie in Ihrem primitiven Zustand durch die Wirkung ihres universellen Gesetzes, das Überleben des Stärksten, gegen die Degeneration Ihres Körpers gesorgt. Im Zuge Ihres sozialen Aufstiegs kann von Ihnen vernünftigerweise erwartet werden, dass Sie sich einen Ersatz verschaffen, um den Standard an Härte und Stärke aufrechtzuerhalten, der früher durch Ihre primitiven Existenzkämpfe aufrechterhalten wurde.

Ihr Wissen über die Gesetze der Vererbung hat es Ihnen ermöglicht, die Formen und Eigenschaften all jener Kreaturen zu verbessern, die aus ihrer heimischen Wildnis entnommen wurden, um Ihren Zwecken zu dienen; Und doch überlassen Sie mit einer fatalen Inkonsistenz Ihren eigenen Körper einer Nachlässigkeit der Fortpflanzung, die alle bekannten Verbesserungsmethoden völlig ignoriert. Unter Ihnen ist das Schauspiel allgegenwärtig, dass ein erfahrener Züchter sein Wissen anstrengt, um Formfehler bei den niederen Tieren in seinem Besitz zu beheben, während er und seine Nachkommen an ihren eigenen Körpern ohne Sorge oder Aufmerksamkeit genau die gleichen körperlichen Gebrechen aufweisen, die sie haben er hatte seine Bestien so erfolgreich durch elterliche Wahl verbannt.

Die Vernachlässigung Ihrer Chancen in dieser Richtung ist umso überraschender, wenn man bedenkt, wie sehr Sie darunter leiden; Denn obwohl das Erreichen einer allgemeineren Vervollkommnung von Form und Stärke für Sie von unschätzbarem Wert ist, da es den Grundstein für einen größeren Durchschnitt an geistiger Kraft und Aktivität legt, ist dies für Ihre Gesellschaft nicht wichtiger als die einfache und sichere Ausrottung durch vernünftige Paarungen einer der hartnäckigsten und tödlichsten Ihrer Krankheiten. Es ist erschreckend, die Summe des menschlichen Elends abzuschätzen, das ständig angeboren in erkrankten Geweben und Funktionsdefekten übertragen wird.

Man hat euch beigebracht, dieses Übel, das unter euch vorherrscht, bis eure körperlichen Leiden nahezu unzählbar sind, als eine Anordnung des göttlichen Willens zu betrachten, und ihr ruht hilflos in dem Glauben, dass sein Fortdauern ohne Heilung die Strafe des Lebens sei; Dabei wird sie in Wirklichkeit hauptsächlich durch den übermächtigen individuellen Egoismus aufrechterhalten, der das Gemeinwohl außer Acht lässt und gleichzeitig Lustgefühle oder Gier befriedigt.

Ich habe Ihre Beobachtung bereits auf den unfehlbaren Maßstab gelenkt, der den Fortschritt der gesellschaftlichen Entwicklung kennzeichnet – die durchschnittliche Bereitschaft, individuelle Interessen zugunsten des Gemeinwohls zu berücksichtigen und aufzuopfern. Aufgrund unserer bereits beschriebenen Erfolge in dieser Richtung können Sie sich leicht vorstellen, dass wir die Gelegenheit nicht versäumt haben, die Gesellschaft durch die Einhaltung einiger der einfachsten und am leichtesten anwendbaren Naturgesetze zu verbessern und zu nützen.

Proteste gegen eine Verletzung der persönlichen Freiheit bringen uns nicht in Verlegenheit, wie Sie es tun würden, denn wir haben das Stadium überschritten, in dem Gesetze und deren Durchsetzung erforderlich sind. Eine offizielle Empfehlung, die von einer vereinten öffentlichen Meinung unterstützt wird und bei deren Nichteinhaltung keine Strafe außer der allgemeinen Verurteilung besteht, ist unser einziger Ausweg, um das Verhalten unseres Volkes zu lenken. In einem solchen System ist eine Verletzung individueller Rechte ausgeschlossen. In unserer Gesellschaft reicht es aus, festzustellen, dass eine Maßnahme dem Gemeinwohl dient, um sicherzustellen, dass sie ohne Widerspruch angenommen wird.

Dementsprechend liegt es in der Zuständigkeit unseres staatlichen Gesundheitsministeriums, jene ehelichen Verabredungen zu leiten und in gewissem Maße auch zu überwachen, durch die unsere Zahl so ständig aufgefüllt wird. Dieses wichtige Geschäft ist eng mit Maßnahmen zur Förderung unserer Gesundheit verbunden und beginnt mit der Geburt eines jeden Kindes. Jedes Kleinkind wird von medizinischen Experten sorgfältig untersucht und registriert. Jede Besonderheit oder jeder körperliche Mangel wird aufgezeichnet und es werden Verwaltungsregeln bereitgestellt, um bei Bedarf Abhilfe zu schaffen. Jede Person, ob jung oder alt, muss regelmäßig eine ähnliche Prüfung bestehen. Das persönliche Gesundheitsregister ist für jedermann zugänglich und auf diese Weise kann der körperliche Zustand jedes Bewohners ermittelt werden. Niemand versäumt es, sich die Informationen zunutze zu machen, die ihn selbst so sehr betreffen. Beginnende Krankheiten werden in vielen Fällen durch die Entdeckung ihres unerwarteten Vorhandenseins geheilt, und die Lebensgewohnheiten werden oft rechtzeitig geändert, um einer latenten Krankheit vorzubeugen, die in ihren frühen Stadien nur durch die medizinische Wissenschaft aufgedeckt werden konnte.

Das System erstellt eine öffentliche Aufzeichnung des körperlichen Zustands jedes Einzelnen, sei es bei einer lauernden Krankheit oder einer Deformation. Und da es die Pflicht unseres Gesundheitsamtes ist, in jedem Ehevertrag sein Zustimmungsurteil zu verkünden, gibt es bei uns keine übertragenen Krankheiten oder Missbildungen des Körpers, die sich über Generationen erstrecken und das Elend des Lebens vervielfachen, wie es bei Ihnen der Fall ist. Mit dieser Methode haben wir längst drei Viertel der Krankheiten ausgerottet, die durch die Gewohnheiten der Zivilisation entstehen. Auf diese Weise haben wir uns eine Rasse von Männern und Frauen gesichert, die körperlich so vollkommen sind, dass ihre Existenz als dankbares Erbe akzeptiert wird. Sie haben die Natur in ihren Entwicklungsgesetzen und in ihren Veränderungsprozessen sowohl in den Formen als auch in den Eigenschaften der Dinge befragt und mit dem so erworbenen Wissen eine Welt tierischer und pflanzlicher Organismen zu Ihren besseren Diensten kultiviert. Das haben wir auch getan; Aber wir haben auf diesem Gebiet etwas erreicht, das für uns unvergleichlich wichtiger ist, indem wir gemeinsam durch angemessene Kultivierung und Fürsorge sowohl unser Tier als auch unser intellektuelles Selbst vorangebracht haben.

Darin können Sie nicht umhin, eine der Auswirkungen dieser auffälligen Divergenz zwischen unserer und Ihrer Zivilisation zu entdecken, die auf sehr unterschiedliche Interpretationen des göttlichen Willens zurückzuführen ist. Wir betrachten unseren Planeten mit all seinen Annehmlichkeiten als ein Vermächtnis, das uns zur Unterstützung des Fortschritts anvertraut wurde, so eindeutig das beste und erhabenste Geschäft unseres Lebens und für den höchsten Autor so unverkennbar erfreulich, dass jeder Grad seiner Vollendung wird durch Zeichen seiner Gunst belohnt. Aus unserem stärker ausgeprägten spirituellen Glauben schöpfen wir die Inspiration, einander die besten Dinge des Lebens zu vermehren und zu schenken; während Sie sich aufgrund religiöser Eingebungen derselben hohen Quelle zu Abstinenz und Sparmaßnahmen verurteilen. Sie verkennen die wahren Beziehungen zwischen spirituellen und materiellen Kräften so sehr, dass Sie, anstatt beide als Kinderstube und Erbauer der anderen zu betrachten, eine Theorie entwickelt haben, die sie als unterschiedliche Einflüsse in den Gegensatz bringt; Die Ausübung materieller Belange führt Sie, wie Sie vermuten, tendenziell von der Göttlichkeit weg.

Die Auswirkungen dieser falschen Lebensauffassung sind in Ihrer Gesellschaft und Ihrem Umfeld deutlich sichtbar. Ihr materieller Fortschritt, dem der religiöse Antrieb und die Begeisterung entzogen sind und der ganz auf die niedere Fähigkeit zur Selbstverwirklichung angewiesen ist, schreitet in langsamen Schritten voran, macht häufig Rückschritte und ist vor einem völligen Rückfall unter einer so selbstsüchtigen treibenden Macht nicht sicher. Ihre Vorwärtsbewegung ist nicht so kompakt und kooperativ wie unsere, sondern schleppt sich unruhig und mühsam voran, allein gesteuert durch einen kämpfenden Einfluss hier und da, unter der toten Last einer gleichgültigen und in sich versunkenen Menge und in offenem Konflikt mit einem Heer von gestörten Traditionen.

Ihre Doktrin der absoluten Trennung von spirituellen und materiellen Interessen, indem Sie Ihre besten Seiten im Dienst der weltverurteilenden Gottheit Ihrer Vorstellung verschwenden und Ihre weltlichen Angelegenheiten der alleinigen Ausübung Ihrer niederen Gefühle und Gefühle überlassen, hat ihr Unheil verbreitet Auswirkungen und können in jeder Phase Ihrer Gesellschaft verfolgt werden. Daraus ergibt sich diese einzigartige Missachtung des anderen in allen Dingen außer dem Spirituellen und diese pervertierte Einschätzung des Guten, die Ihre Wissenschaft und Gelehrsamkeit mit ihren Einflüssen zusammen mit Ihrer gesamten Industriewelt an Orte verbannt hat, wo sie ohne Unterstützung und ohne Ermutigung waren müssen ihre eigenen zweifelhaft eingeräumten und verspäteten Belohnungen erarbeiten; während Ihr größter Enthusiasmus und Ihre aktivste Moral unter Ihren vielen unvernünftigen Erlösungsplänen zunichte gemacht werden.

Was außer dieser ungerechtfertigten Trennung von Geist und Materie, von Körper und Seele, von euren physischen und intellektuellen Teilen, die einen als erniedrigenden Jochkameraden des anderen statt als Gegenstück und Mitarbeiter betrachtet, hat euch das ganze Herz aus eurem Leben genommen , Ihnen die moralischen Möglichkeiten innerhalb Ihrer weltlichen Reichweite verborgen und die einzige Existenz, die Sie bisher verbessern sollen, in einen toten und nutzlosen Winterschlaf Ihrer göttlichsten Fähigkeiten reduziert? Was entschuldigt und verteidigt Ihre Gleichgültigkeit gegenüber den harten Linien menschlicher Arbeit und Ihre Duldung eines Systems, das die meisten von Ihnen zu ständiger Abhängigkeit verdammt, besser als diese vermoosten Traditionen , die von ihrem ausgewählten Platz im Übernatürlichen und Unsichtbaren aus nicht gestört werden oder interessiert an eurem sozialen Unrecht, und die in Wahrheit dort ihre beste Schirmherrschaft und profitabelste Beschäftigung finden, wo die meisten Nöte des Lebens vorherrschen? Gerade in dem Maße, in dem Sie sich bereits von diesen unfruchtbaren Illusionen emanzipiert haben, erscheint Ihr menschlichstes Werk für den sozialen Fortschritt.

Ihre Inspirationen des Guten kommen zu Ihnen, wie sie zu uns kommen, ohne dass es einer Offenbarung bedarf. Ihre Ermutigung wird durch den wohlwollenden Einfluss, der ihre Annahme belohnt, treuer gesichert als durch die geschriebenen Kodizes unter euch, die aus zweifelhaften Motiven ihre Leitung und Kontrolle an sich reißen. So sicher, wie alle Kräfte der Natur auf die Hitze der Sonne zurückgeführt werden können, so werden Ihnen Ihre Tugendimpulse, Ihr Heldentum an guten Taten und Ihre spirituellen Hoffnungen in einem Keimzustand ohne irgendein abfangendes Medium mitgeteilt erster Atemzug deines Körpers; verbessert, erweitert und für die Zwecke und Zwecke der Gesellschaft genutzt werden.

Du drehst die Oberfläche der Erde um und pflückest ihre Früchte, ohne jemals an den übermenschlichen Kräften zu zweifeln, die deine Arbeit belohnen; und doch bleibt es Ihrer intellektuellen Arbeit überlassen, ihre Chancen unter begrenzten Möglichkeiten zu nutzen, die keine gemeinsame Anstrengung zu erweitern versucht hat. Ihr Fortschritt kann nur ungewiss sein, und Ihre Regierungen werden unter Ihrem System, das im besten Fall kaum einen disziplinierten Geist unter hundert hervorbringt, und dessen Errungenschaften auch nur aus einem spontanen individuellen Impuls resultieren, immer instabil sein , mit in den meisten Fällen keinen höheren Motiven als Selbstgewinn und Fortschritt.

Ihre Felder werden in Ihrer Aufmerksamkeit nicht fehlen. Durch die gründliche Bodenbearbeitung Ihrer Felder erzielen Sie Gewinn. Durch Ihre Manipulation unter den Hinweisen der Natur vervielfachen Sie die lebenserhaltenden und genussvollen Eigenschaften der Früchte und Blumen der Erde bis zur äußersten Blüte und Fülle. Und doch befindet sich Ihr eigenes göttliches Wesen der Vernunft und des Denkens in einem solchen Zustand allgemeiner Rohheit, dass bis zum heutigen Tag kein Aberglaube zu absurd, keine Sophistik zu durchsichtig und keine angebliche Reform zu schlecht verdaut ist, um Wurzeln zu schlagen und zu gedeihen, selbst in der Welt Zerfall großer Teile Ihres sozialen Lebens. Obwohl an Ihren Fortschritten im Umgang mit den von Ihnen kontrollierten materiellen Akteuren kein Fehler zu finden ist, ist aus unserer Sicht die Meinung unwiderstehlich, dass Sie eifrig alles außer sich selbst kultivieren.

Kapitel XV.

WIR haben, wie Sie, Reichtum mit seinem selbstbelohnenden Luxus, aber sein Charakter ist ganz anders. Seine gewählten Freuden und Neigungen sind anders als die Ihren. Der Erwerbstrieb hat keine so kontrollierenden Motive wie bei Ihnen. Die Hoffnung auf sozialen Aufstieg, die Sorge, die Leiden der Armut unerreichbar zu machen, und die Liebe zur Macht sind keine Elemente unseres Strebens nach Gewinn. Als Anreiz zur Anhäufung von Reichtum werden alle diese Motive durch die überhebliche Leidenschaft für Auszeichnung ersetzt, die der Besitz mit sich bringt, indem er zum Wohlergehen und Glück anderer beiträgt. Die ausgeglichenen Möglichkeiten des Lebens und das völlige Fehlen der Armut, die ihr habt, mit ihrem Elend, beseitigen den fruchtbarsten Anreiz zur individuellen Gier unter euch; und die starke Leidenschaft zum Horten, die Sie Geiz nennen, wird bei uns aufgrund der Einzigartigkeit ihrer Beweggründe zu einem der edelsten unserer religiösen Bestrebungen. Welchen Luxus Reichtum auch immer für sich bereithält, wird von allen geteilt; und da die Natur und Form unserer Gesellschaft die Notwendigkeit des Almosengebens ausschließt, ist Nächstenliebe, wie Sie sie verstehen, unbekannt. Die allgemeine Verbreitung von Selbststolz und Unabhängigkeit, die sowohl das Ergebnis unserer religiösen Überzeugungen als auch unserer politischen und pädagogischen Methoden ist, schützt uns vor den Übeln wahlloser Nächstenliebe, die die Industrie überall auf der Erde in ihrem gegenwärtigen Stadium lahmlegen Entwicklung.

In unserem politischen System haben wir so gut für die gleichmäßige und ausreichende Belohnung der Arbeit gesorgt, dass unsere tierischen Bedürfnisse, die so leicht gedeckt werden können, in einzelnen Fällen nie in dem Ausmaß des Leidens fehlen. Im Extremfall der Invalidität oder eines anderen Unglücks kommt die Hilfe nicht in Form von Almosen, wie Sie sie kennen, sondern in Form der besorgten und mitfühlenden Unterstützung einer Familie für eines ihrer Mitglieder in Not. Der Bereich der Wohltätigkeit im Reichtum liegt daher ausschließlich im Bereich der Bildung und Kunst; die in Übereinstimmung mit unseren religiösen Bestrebungen und Überzeugungen bei der Förderung der Ziele der Gottheit die gleiche Form annehmen wie Ihre hingebungsvollen Unternehmungen zur Verbreitung Ihrer religiösen Glaubensrichtungen.

Unsere Reichen leisten mit ihrem Vermögen einen großen Beitrag zu den Zwecken der Bildung, mit einer Philanthropie, die durch die religiöse Begeisterung, die durch die Tat befriedigt wird, noch verstärkt wird; aber sie bauen unsere Tempel der Anbetung nicht auf und tragen auch nicht dazu bei, wie es bei Ihnen der Fall ist, da der Besuch dieser Tempel unaufgefordert und freiwillig ist und lediglich eine angenehme Befriedigung unserer spirituellen Hoffnungen und Sehnsüchte darstellt. Ohne die Einhaltung rettender Formen und Bedingungen, wie bei Ihnen, wird der Gottesdienst in unseren Tempeln nicht als Auswirkung auf unser spirituelles Wohlergehen angesehen. Diese religiösen Zentren haben im Gegensatz zu Ihren keine Macht, das Böse zu dulden oder Kompromisse mit ihm einzugehen. Kein belastetes, unreines Gewissen kommt zu ihnen mit der Hoffnung auf Absolution, um beladen mit seinen Missetaten für eine erneute Reinigung wieder zurückzukehren . Kein Großschmuggler bringt einen Teil seiner bösen Gewinne als Sühne für das Elend, das ihm seine geizige Karriere zugefügt hat. In unseren Tempeln oder um sie herum gibt es nichts außer dem Frieden und der selbstbewussten Befriedigung der göttlichen Mitarbeit bei unseren Bemühungen, uns selbst zu kultivieren, sowie dem Lob und der Herrlichkeit unseres eigenen Erfolgs, die den Geist unserer Anbetung bilden.

Da es in unserer Gesellschaft keine Exklusivität gibt und die Zurschaustellung von Reichtümern unbekannt ist, gibt es keinen Ehrgeiz, über die allgemeine Kost in den Wohnungen hinauszukommen. Der gesamte Stadtblock, der von einem durchgehenden Dach überragt wird, kann je nach Einkommen seiner Bewohner entweder aus einer oder mehreren Wohnungen bestehen. In unserem Landsystem stellen die Mietkosten einen so geringen Teil der Lebenshaltungskosten dar, dass alle in der Lage sind, gleichermaßen an ihrer Wohnung zu partizipieren und gleichermaßen in den Genuss unserer gesunden sanitären Einrichtungen zu kommen. Niemand von uns wohnt in einer Hütte . Wir setzen uns dafür ein, dass die Umgebung für alle gleichermaßen angenehm und komfortabel ist. Bei uns genügt der Verdacht auf unsichtbares Elend, um die Freuden des Lebens zu stören. Abgesehen von den unangenehmen Gefühlen des Unbehagens, die eine raue und unbequeme Behausung hervorrufen würde, würden wir sie als schmerzhafte Verletzung des Geschmacks und als Opfer der Möglichkeiten der Kunst betrachten.

Folglich werden Sie innerhalb der Grenzen unserer Städte keinen äußerlichen Unterschied zwischen unseren Wohnorten finden, der die finanzielle Lage ihrer Bewohner kennzeichnen könnte. Aber da ein ganzer Häuserblock gelegentlich von einer einzigen Familie bewohnt wird, deren großes Vermögen es ihnen ermöglicht, die prächtigen Ausmaße zu genießen, mangelt es nicht an jenem Luxus des Reichtums, der durch den vorherrschenden Geschmack gefordert wird. Das Lokal wird zum Stolz und Vergnügen seines Ortes. Wie alle anderen Häuserblöcke der Stadt verfügt es über drei hohe Stockwerke. Die untere an jeder seiner Fassaden besteht aus einer Reihe korinthischer Säulen mit kunstvoll gearbeiteten Kapitellen, auf denen eine Reihe von Bögen ruht und die Fassade des zweiten Stockwerks bildet, die die bündigen Außenwände des darüber liegenden Stockwerks tragen. Die Außenfläche dieses Stockwerks, das durch sein transparentes Dach reichlich beleuchtet wird, ist mit Flachreliefs mit Architraven und Gesimsen verziert, die in unserem aufwändigen Stil gestaltet sind. Jeder Block hat an jeder seiner vier Ecken einen gewölbten Haupteingang mit Vorhalle, über dem sich ein Turm erhebt, der ein starkes elektrisches Licht enthält, das nachts sowohl das Innere als auch die umliegenden Straßen beleuchtet. Da unsere Durchgangsstraßen, die vom Stadtzentrum ausgehen, gerade und besser für Unternehmen und Industrie geeignet sind, sind sie diesen Zwecken gewidmet. Folglich liegen die meisten unserer Wohnungen auf den kreisförmigen oder konzentrischen Straßen; Die erlesensten unter ihnen, was die Lage angeht, sind diejenigen, die an den Parks liegen, die, wie ich Ihnen bereits erklärt habe, in regelmäßigen Abständen jedes Viertel der Stadt umgeben. In diesen konvexen oder konkaven Fronten, die auf gegenüberliegenden Linien des Parkgürtels liegen, sind also meist die Wohnsitze des Reichtums zu finden.

Sie würden das gesamte Gebäude eines dieser Gebäude entdecken, mit Ausnahme des Mittelgeschosses, das der Öffentlichkeit vorbehalten ist und in dessen erstem Stockwerk sich eine Reihe von Klassenräumen befinden, die einem Lehrsystem zugeordnet sind, dem Ihre Kindergärten eine gewisse Ähnlichkeit aufweisen einige andere, in denen die Schüler eine höhere Stufe erreicht haben. Der Charakter des Unterrichts würde durch die überall zu sehenden Geräte und Geräte der Industrie, ihren geschäftigen Einsatz in regelmäßigen Abständen durch die Klassen und den Stolz und die Nachahmung der Schüler bei ihren Bemühungen um Geschicklichkeit im Umgang mit ihnen angezeigt. In einem anderen Raum befand sich eine kleinere Klasse, die besonderen Schützlinge des Eigentümers, bestehend aus einigen wenigen, die durch die ersten Manifestationen eines ungewöhnlichen Versprechens bei der Verfolgung eines Zweigs der Wissenschaft oder Kunst unterstützt wurden.

Außerhalb dieser Unterrichtsabteilung befanden sich eine umfangreiche Bibliothek mit ihren Lesesaalanhängen, die der Bequemlichkeit halber raffiniert angeordnet waren, und eine große Wohnung, meist in der Mitte des Gebäudes, die vom Dach aus gut beleuchtet war und in der die Kunstschätze gesammelt waren. und der von seinem Besitzer mit jener Vorliebe für das Schöne überschüttet wurde, die ihn als Mitglied unserer Gesellschaft würdig macht.

Das Obergeschoss ist ein öffentlicher Versammlungsraum für Anlässe der Freude und des Vergnügens und ist mit Statuen, Brunnen und blühenden Pflanzen geschmückt. Diese prächtige Wohnung wird durch die billigen Geräte unserer Gemeinde so warm gehalten, dass sie in unseren langen, rauen Jahreszeiten, wenn die Parks kalt und eisig sind, zu einem Wintergarten wird.

Eine dieser Einrichtungen würde Ihrer Ansicht nach eine übertriebene Schätzung des Vermögens ihres Gründers suggerieren. In den meisten Fällen reicht sein Einkommen kaum über die Unterstützung dieses Unternehmens hinaus. In seinem Traum vom Reichtum hat er die Hoffnung seines Ehrgeizes verwirklicht, und hier hört er auf.

Ihre Leidenschaft für das Horten, die über Ihre Kompetenz hinausgeht und keinen Zweck außer der Lust am Horten hat, ist der Ableger jenes Instinkts des fleischfressenden Tieres, der ihn dazu zwingt, seinen hungrigen Artgenossen jeden Teil seines erbeuteten Kadavers zu verweigern, von dem er ein Zehntel nicht darf verbrauchen. Dieses niederträchtige und brutal geborene Erbe der Gier scheitert nur an einer besseren Unterdrückung in Ihrer Gesellschaft, weil Sie es versäumt haben, durch Ihre politischen Methoden die im Allgemeinen prekäre Art und Weise, wie Ihre tierischen und intellektuellen Bedürfnisse befriedigt werden, vollständig zu beheben. Das Leid kommt jetzt in eurem Kampf um den Lebensunterhalt einem genauso nahen Misserfolg gleich, wie damals, als eure in Haut gekleideten Jäger ihr Spiel versagten.

Ihre Leidenschaft zu bekommen und zu halten wird durch die mangelnde Rücksichtnahme auf die Konsequenzen für andere durch die große Anzahl künstlicher Notwendigkeiten verstärkt und brutalisiert, die in Ihrer Gesellschaft nur durch eine beträchtliche Anhäufung von Geld erreicht werden können, deren Mangel Erniedrigung und Opfer bedeutet von vielen Dingen, die dem Leben ans Herz gewachsen sind. Jede Erhöhung der Ersparnisse entfernt den gefürchteten Zustand Ihrer Zivilisation, der als Armut bekannt ist, in größerer Entfernung. Der unersättliche Charakter des Hortens ist dem Motiv der Übervorsicht bei einem Wanderer nicht unähnlich, der, durch das Auftauchen eines gefürchteten Tieres auf seinem Weg in Schrecken versetzt, seine Entfernung durch Flucht weit über jede mögliche Annäherung der gefährlichen Präsenz hinaus vergrößert.

Ihr atemloses Streben nach Reichtum, der über alle vernünftigen Grenzen der Erlangung der Objekte der Begierde hinausgeht, wird auch durch die bemerkenswerten Möglichkeiten beflügelt, die dieser Besitz bietet, um sich die Einkünfte der Industrie anzueignen. Die Fähigkeit Ihres Reichtums, die Früchte der Arbeit zu absorbieren und zu kontrollieren, wächst in einem geometrischen Verhältnis mit dem eingesetzten größeren Reichtum, und der Geschmack der Macht, den Sie einmal verspürt haben, wird selten gestillt, sondern nimmt mit jedem Geldzuwachs zu. Nach Ihren günstigen Gesetzen kann es sich auf das Privileg eines einzelnen Einzelnen erstrecken, der den gesamten Mehrverdienst einer Armee fleißiger Arbeiter einfordert.

Durch jahrhundertelange Gesetzgebung und Praxis haben Sie verschiedene Prozesse etabliert, durch die es dem Reichtum ermöglicht wird, einen unangemessenen Teil der Erträge der Industrie abzuschöpfen. Zu diesen Prozessen zählen Zinssätze für Geld, die sich an den Bedürfnissen der Kreditnehmer orientieren, Mieten, die sich an der Zahlungsfähigkeit der Mieter orientieren, Monopollieferungen mit Preisen, die knapp unter dem Punkt der erzwungenen Abstinenz festgesetzt werden, Schwankungen im Wert von Tauschmitteln, mit anderen nicht unterdrückten Agenturen, die einen häufigen Wertewechsel für die Chancen des Kapitals und die Not der Arbeit fördern; gewaltige Anhäufungen von Reichtum, die die Gesetze der Wirtschaft umkehren, indem sie einerseits die Preise für lebensnotwendige Güter erhöhen und andererseits die Arbeitslöhne senken; und erfolgreicher als alles andere ist ein System des Landbesitzes, das den Besitzern der Erdoberfläche zusätzlich zu ihrem Privileg, einen großen Teil der Gewinne der Industrie in Form von Pacht zu fordern, ein weiteres Recht einräumt, sich in Form von geschätzten Werten einzustecken ihr Land, ein unverdienter Anteil an den kollektiven Früchten der Industrien, die sie umgeben.

Unsere unterschiedlichen Ansichten über die Existenz zeigen sich in der Sorgfalt, mit der wir für eine gleichmäßigere Aufteilung der Industrieprodukte gesorgt haben. Bei uns ist Eigentum das Mittel und nicht das Ziel, jenseits dessen es unzählige Errungenschaften im Leben gibt, die für die Gesellschaft unvergleichlich wünschenswerter und vorteilhafter sind, und unsere Gesetzgebung ist hauptsächlich auf die Pflege und Kultivierung dieser Errungenschaften ausgerichtet. Das große Ziel unserer Regierung war es, für das Wohlergehen der Menschen zu sorgen, während man von Ihrer Regierung sagen kann, dass die größte Aufmerksamkeit dem Wohlergehen des Eigentums gewidmet wurde; Darunter versteht man seinen Schutz und seine Vermehrung, unabhängig von der Art seiner Verteilung oder den zweifelhaften Methoden seiner Gewinnung aus den Arbeitsenergien. Mit der Verfolgung dieser Politik verewigen Sie ohne große Veränderung nur Ihre primitiven Verhältnisse, als der starke Arm den größten Teil des Reichtums sammelte. Ihre frühgeborenen Instinkte scheinen nicht ausreichend entwickelt zu sein, um an einem Unterfangen mitzuarbeiten, das den Starken Chancen gegenüber den Schwachen verwehrt; und die unglückliche Konsequenz ist eine Gesellschaft, die so söldnerisch ist, dass die allgemeine Schätzung unter euch nicht auf irgendeiner Qualität basiert, die auf eine Nähe zur Gottheit hindeutet, sondern hauptsächlich auf der kühlen numerischen Berechnung von Eigentumsverhältnissen.

Die Einheit unserer geistlichen und weltlichen Interessen macht es notwendig, dass jeder Regierungsakt ein religiöser Akt ist. Den Geist der Freundlichkeit und Nächstenliebe gegenüber allen, der einzig würdige Teil eurer Religionen ist, haben wir als Grundlage all unserer öffentlichen Handlungen genommen und ihn zum Eckpfeiler der Regierung selbst gemacht. Unsere Gesetzgebung, wenn man die bloße Zustimmung zu empfohlenen Maßnahmen so nennen kann, berücksichtigt zunächst das Wohlergehen der Personen, die das Ganze bilden und an dessen Stelle jedes mögliche Interesse treten muss. Und das Wohlergehen der Menschen hängt aus unserer politisch-religiösen Sichtweise von der angemessenen und gerechten Entlohnung des Fleißes ab; ihre gleichen Chancen, sich Wissen anzueignen; eine Förderung ihrer Moral durch die Anerkennung ihrer Tugenden, was sie zum notwendigen Sprungbrett für ihren Fortschritt macht; und die Beseitigung jeder sozialen Form, die ein Minderwertigkeitsgefühl hervorruft, den Selbststolz zerstört und das Gefühl der Erniedrigung hervorruft, das die häufigste Quelle des Übels in der Gesellschaft darstellt.

Es ist leicht zu erkennen, dass Sie in diese Richtung tendieren. Die barbarische Institution der Gewalt und die damit einhergehende Angst als Mittel zur Führung und Kontrolle der Menschen werden nach und nach aus allen euren fortschrittlichen Regierungen beseitigt, und die besseren Methoden der Zustimmung und Zusammenarbeit finden Eingang in ihr heilsames Werk der Emanzipation. Das Wissen breitet sich unter euch aus — es ist nicht mehr nur ein Nachtisch an einigen wenigen Lieblingstischen, sondern ein Hauptgericht für den neu erworbenen Appetit vieler. Der Glanz Ihres Reichtums und die Beeindruckung Ihrer Religion verlieren ihren ehrfurchtsvollen Respekt, und das fokussierte Licht richtet sich auf ihre zweifelhaften Ursprünge. Sie haben den Anfang eines neuen Glaubens mit besseren spirituellen Grundlagen eingeläutet, indem Sie die Welt und ihre Gesellschaft nicht verurteilen, sondern sie lieben, indem Sie in die Fußstapfen der göttlichen Gegenwart innerhalb ihrer Grenzen treten, sich an ihren Angelegenheiten beteiligen und sie darauf ausrichten die besseren Möglichkeiten im Blick.

Ach, mein Bruder, das Kommen deines Messias war sowohl mehr als auch weniger, als du es dir vorgestellt hast. Der Ära des Neuen und Besseren in der gesellschaftlichen Entwicklung geht der allmähliche Verfall alter Überzeugungen voraus, die ausgedient haben und nicht mehr nützlich sind, außer an ihrem Platz im Katalog der Traditionen, die den Fortschritt des Denkens markieren.

Die Gesellschaft übernimmt ihre Überzeugungen unter dem Impuls des Fortschritts, der ebenso von evolutionären Gesetzen kontrolliert wird wie die organischen Substanzen der Erde. Niemand kann die Welt lehren. Durch die freie Ausübung seiner intellektuellen Fähigkeiten lehrt es sich selbst. Die Kraft einer Idee unter den moralischen Kräften besteht darin, dass sie mit einem geeigneten Entwicklungsstadium korrespondiert, um sie zu empfangen. Ein einsamer Gedanke ist als moralisches Mittel nutzlos, ohne dass seine bereits halbfertigen, in der Gesellschaft verstreuten Erfindungen vorhanden sind. Seine Bewegungskraft liegt im Zusammenwachsen seiner Teile. Ideen und Überzeugungen wurden in verschiedenen Phasen Ihrer Zivilisation übernommen und dienten als große Motoren für den Fortschritt, die vor langer Zeit ohne Eindruck geäußert wurden. Die Gesellschaft befreit sich von ihren rudimentären Eindrücken und Überzeugungen, auf die gleiche Art und Weise, wie ein Tier unter veränderten Umweltbedingungen seine alten Organe abwirft und neue entwickelt. Jeder neue Glaube, der die Gesellschaft beeinflusst, ist ihr unterworfen und wird nur langsam und schrittweise übernommen. Wenn es eine Wahrheit ist, die sich ihren Weg bahnt, ist ihre endgültige Installation von einer unbestrittenen Duldung und einer ungestörten Ruhe geprägt. Wenn ein Fehler auftritt, prägen Aufregung und Unruhe die gesamte Zeit seines Beitritts.

Das Kommen Ihres Messias war mehr, als Sie angenommen haben, denn die Inthronisierung zweier zentraler Ideen war großartiger und imposanter als die angenommenen Übernatürlichkeiten. Das eine war die Übernahme des Gefühls der Brüderlichkeit als Mittel zur Anpassung der Beziehungen der Menschen untereinander, und das andere war die Einführung spiritueller Hoffnung als Leitfaden für die Handlungen des Lebens. Aus diesem Anfang ist alles Gute für Ihren sozialen Fortschritt hervorgegangen. Die allgemeine Akzeptanz dieser Ideen als Träger eurer Zivilisation begann ihre Wirkung mit der Schwächung der alten Gesellschaft und zerstörte sie schließlich, indem sie die Bande der physischen Kraft, die sie zusammenhielten, auslöschte. Die Kultivierung dieser inspirierenden Überzeugungen in ihrer Reinheit, wie sie Ihnen von der göttlichen Intelligenz verliehen wurden, hätte Ihnen bald den gleichen Frieden und den gleichen guten Willen gebracht, den sie auf die Bewohner des Mars ausgegossen haben; aber Sie sollten sich dieses freudige Angebot nicht so schnell gönnen. Die wenigen, die seit Ewigkeiten die Mehrheit beherrschten, sich ihre Einkünfte aneigneten und sogar ihr Leben opferten, in der Gier nach Macht und Reichtum, durften sich eine so schöne Gelegenheit nicht entgehen lassen, die Einfältigen durch eine neue Agentur zu halten, zehnmal unterdrückender als die alte Methode des Zwanges mit Gewalt. Der religiöse Aberglaube des Zeitalters, eine bloße Ablenkung für die ungebildete, träge und vielversprechende Menge, wurde durch die Einführung dieser neuen, humanen und spirituellen Impulse belebt; und mit vielen zusätzlichen raffiniert erfundenen Supernaturalismen und einem attraktiven Moralkodex wurde es zu einem System aufgebaut und zu einer Gesellschaft organisiert, die ihr schweres Gewicht auf Ihrem Fortschritt getragen hat und ihre Herrschaft erfolgreicher verbreitet hat als die kriegerischen Legionen, die sie beherbergte ersetzt. Sie hat nichts Gutes erreicht, was nicht ausschließlich auf die unwiderstehliche Ausweitung der Wahrheiten zurückzuführen ist, die sie sich bei ihrer Entstehung aus dem evolutionären Prozess der sozialen Entwicklung der Natur angeeignet hat, nämlich die Achtung voreinander als Leitfaden für alle Handlungen des

Lebens, und diese ewige Hoffnung, die unsere Existenz vergeistigt und erhebt.

Das Kommen Ihres Messias war geringer, als Sie geglaubt haben, weil Sie eine Persönlichkeit, in der sich die Genialität fortschrittlicher und heilsamer Lehren manifestierte, für einen Teil und die Gegenwart der Gottheit selbst gehalten haben. So wie die Verbreitung von Gedanken, die unter der Inspiration und dem Druck einer Naturkraft im Prozess der sozialen Entwicklung entstanden sind, geringer ist als die schreckliche Präsenz und verbale Kommunikation der Gottheit, so war auch das Kommen eures Messias geringer .

Aber du wirst ein zweites Kommen erleben, mein Bruder, unbeeinträchtigt von der List deiner Seher und unbefleckt vom Aberglauben einer primitiven Gesellschaft wie der ersten. Es wird von Ihnen und einem Teil von Ihnen sein, Sie zu einem höheren Selbstwertgefühl erheben und Sie als die Urheber alles Guten verherrlichen, unter einem göttlichen und unwiderstehlichen Gesetz der Verbesserung. Es wird Sie von den bösen Gedanken befreien, die Sie verurteilt und erniedrigt haben. Die neue Hoffnung wird sich bei der Ausübung ihrer heilsamen Arbeit wie eine neu entdeckte Stärke in alle Richtungen ausbreiten. Anstelle von Reden und Ermahnungen an die Geringen und Unterdrückten mit Versprechen, die sich weder leugnen noch bestätigen lassen, werden sie durch die starke Hand einer besseren sozialen Methode auf die Beine gestellt. Wie das erste Kommen wird sein symbolisches Bild in Denkmäler gemeißelt, in allen Bereichen der Kunst reproduziert und als wichtigste Erinnerung an Ihre Pflichten und Pflichten gegenüber der Gottheit geschätzt. Es wird kein Symbol der Angst und des Kummers sein wie das erste, sondern stattdessen die göttliche Figur eines starken Mannes, der einen schwachen Mann unterstützt und ermutigt. Ja, mein Bruder, du wirst ein zweites Kom haben —

Was ist das alles? Ich erhebe mich auf meiner Couch. Die Sonne ist eine Stunde am Himmel. Durch mein Fenster sehe ich eine fragende Gruppe, die sich über meine Verspätung wundert . Meine Kühe bleiben zum Melken stehen und äußern ihre Beschwerden mit sanftem Brüllen. Meine Lieblingshirsche stehen mit ihren großen, staunenden Augen auf mich gerichtet, und das Erscheinen meines Gesichts an der Fensterscheibe hat meine ganze ruhelose und scharrende Geflügelherde zu mir gezogen, die ungeduldig auf ihr morgendliches Futter wartet. Ich schaue zum Sessel und er ist leer. Mein himmlischer Besucher ist gegangen.

FUSSNOTE:

[A] Drapers intellektuelle Entwicklung Europas.

www.ingramcontent.com/pod-product-compliance
Lightning Source LLC
LaVergne TN
LVHW042156190726
843493LV00006B/1705